बॉडी लैंग्वेज

शारीरिक हाव-भाव एवं संकेतों का स्पष्टीकरण करती एक अनूठी पुस्तक

अरुण सागर 'आनन्द'

वी एण्ड एस पब्लिशर्स

प्रकाशक

वी एण्ड एस पब्लिशर्स

F-2/16, अंसारी रोड, दरियागंज, नई दिल्ली-110002

☎ 23240026, 23240027 • फैक्स: 011-23240028

E-mail: info@vspublishers.com • *Website:* www.vspublishers.com

क्षेत्रीय कार्यालय : हैदराबाद

5-1-707/1, ब्रिज भवन (सेन्ट्रल बैंक ऑफ इण्डिया लेन के पास)

बैंक स्ट्रीट, कोटी, हैदराबाद-500 095

☎ 040-24737290

E-mail: vspublishershyd@gmail.com

शाखा : मुम्बई

जयवंत इंडस्ट्रिअल इस्टेट, 2nd फ्लोर - 222,

तारदेव रोड अपोजिट सोबो सेन्ट्रल मॉल, मुम्बई - 400 034

☎ 022-23510736

E-mail: vspublishersmum@gmail.com

फ़ॉलो करें:

हमारी सभी पुस्तकें **www.vspublishers.com** पर उपलब्ध हैं

मुद्रक: रेप्रो नॉलेजकास्ट लिमीटेड, ठाणे

प्रकाशकीय

जनहित एवं आत्मविकास की पुस्तकों के प्रकाशक वी एण्ड एस पब्लिशर्स अपार हर्ष के साथ अपनी नवीनतम पुस्तक 'बॉडी लैंग्वेज' आपके समक्ष प्रस्तुत करते हैं। यों तो बाजार में इस विषय पर अनेकों पुस्तकें उपलब्ध हैं, परन्तु इन पुस्तको में हमने सर्वश्रेष्ठ पुस्तक देने का प्रयास किया है।

यह पुस्तक कई मायनों में अन्य पुस्तकों से अनूठी और उत्कृष्ट है। पुस्तक में लेखक ने लम्बे समय तक शोध के पश्चात् मानव जीवन के रोजमर्रा व्यवहार में आने वाले मानवीय भाव—भंगिमा के पीछे छिपे गूढ़ अर्थों को सरल, किन्तु आकर्षक भाषा में आपके समक्ष पेश किया है। जिस प्रकार मनुष्य की एक निश्चित प्रकृति होती है जिसके अनुरूप वह दूसरों के साथ व्यवहार करता है। ठीक उसी प्रकार प्रत्येक मनुष्य के भाव—भंगिभा की एक विशिष्ट शैली होती है। बॉडी लैंग्वेज का प्रयोग आदिकाल से निरंतर जारी है। बॉडी लैंग्वेज का प्रयोग एक अबोध शिशु से लेकर युवा, वृद्ध सभी करते हैं।

बॉडी लैंग्वेज़ जिसे हम देह—भाषा भी कहते हैं, वास्तव में किसी व्यक्ति के हाव—भाव एवं मुद्राओं द्वारा किस प्रकार अपनी अभिव्यक्ति करता है, उसके सम्मिलित मिश्रण को समझने की कला है।

इस पुस्तक में लेखक ने संक्षेप में यह बताया है कि आपकी देह—भाषा आपके बारे में बहुत कुछ कहती है अतः कब, कहाँ कैसी देह—भाषा होनी चाहिए व किस प्रकार आप किसी सहयोगी की देह—भाषा की व्याख्या कर सकते हैं, इसका सम्पूर्ण विवरण इस पुस्तक में चित्रों सहित दिया गया है।

आशा है, यह पुस्तक आपका ज्ञानवर्द्धन करने के साथ—साथ मनोरंजन भी करेगी।

विषय-सूची

बॉडी लैंग्वेज़

क्या है बॉडी लैंग्वेज़

जब आपके अन्दर किसी विशेष उपलब्धि का अहसास होता है तब आप स्वाभिमान के साथ सिर को ऊँचा कर चलते हैं। चाल में मस्ती होती है। ठोड़ी ज़रा ऊपर होती है, लेकिन जब आप निराश होते हैं तो आपके क़दम दायें–बायें डोलने लगते हैं और कभी लड़खड़ा भी जाते हैं। जब भय से परेशान होते हैं, तब पलकें बहुत झपकती हैं। लुईविले विश्वविद्यालय के प्रो. रे बर्डह्विसल ने इन व्यवहारों को बॉडी लैंग्वेज़ की संज्ञा दी, जिसका हिन्दी रूपांतर है–दैहिक भाषा।

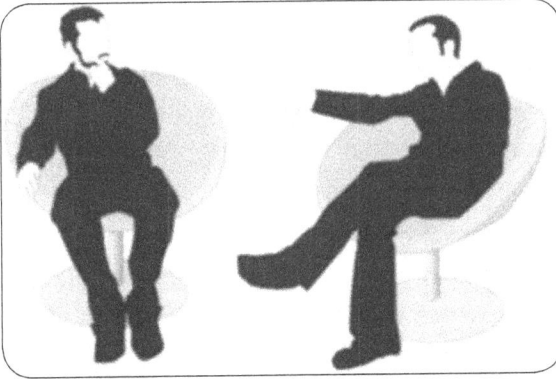

यह संप्रेषण (Communication) की एक विधि है, जिसे अशाब्दिक संप्रेषण कहते हैं। इस विधि में भाव–मुद्राओं तथा संकेतों का प्रयोग किया जाता है, जिनके द्वारा अन्य व्यक्ति संप्रेषक की मनःस्थिति को अच्छी तरह समझ लेता है। अशाब्दिक माध्यम का प्रयोग व्यक्तिगत भावनाओं को संप्रेषित करने के लिये किया जाता है। हॉलीबुड के प्रसिद्ध अभिनेता चार्ली चैपलिन अशाब्दिक संप्रेषण की खूबियों के प्रणेता थे।

शुरुआत में जब हमने अपनी भावों की अभिव्यक्ति के लिये शब्दों को नहीं गढ़ा था, तब हम अशाब्दिक भाषा का ही प्रयोग किया करते थे। शोधकर्ताओं के अनुसार, अल्बर्ट मेहरेबियन ने अपने अध्ययन में यह पाया कि किसी संदेश का असर केवल 7 प्रतिशत शाब्दिक होता है, जबकि वाणी का प्रभाव 38 प्रतिशत और 55 प्रतिशत भाव

अशाब्दिक होता है। प्रो. बर्डह्विसल ने भी कहा है कि आमने–सामने की बातचीत में शाब्दिक पहलू 35 प्रतिशत से भी कम होता है और संप्रेषण का 65 प्रतिशत से भी ज़्यादा भाग अशाब्दिक होता है। आजकल अशाब्दिक संप्रेषण का प्रयोग अधिक मात्रा में हो रहा है।

तकनीकी दृष्टिकोण विशेषज्ञ उसी व्यक्ति को अंतःबोधपूर्ण कहते हैं, जिसमें दूसरे व्यक्ति के अशाब्दिक संकेतों को समझने की विशेष योग्यता होती है। उनके अनुसार महिलाओं में जन्मजात ही पुरुषों की अपेक्षा समझने की क्षमता ज्यादा होती है। उनकी नज़र भी इतनी पैनी होती है कि उन्हें ये बारीकियाँ बहुत जल्दी दिख जाती हैं। इसलिए ऐसे बहुत कम पति होंगे जो अपनी पत्नियों से सफलतापूर्वक झूठ बोल पाते हैं। यह नारी अंतर्बोध उन महिलाओं में विशेष रूप से नज़र आता है, जिन्होंने अपने बच्चों को पाला है, क्योंकि शुरू के कुछ सालों में उन्हें बच्चे के साथ संवाद स्थापित करने के लिये केवल अशाब्दिक माध्यम पर ही निर्भर रहना पड़ता है।

उपयोगिता एवं महत्त्व

हमारे जीवन में उपयोगिता का बड़ा महत्त्व है। जो भी चीज़ हमारे उपयोग में नहीं आती, उसे हम अपनी जीवन शैली से बाहर कर देते हैं। यह एक सहज मानवीय प्रवृति है। किसी भी चीज़ का महत्त्व उसकी उपयोगिता पर ही निर्भर करता है। ठीक इसी तरह बॉडी लैंग्वेज की भी यही स्थिति है। इसका हमारे जीवन में उपयोग हो रहा है, तभी हम इसे अपनायें हुए हैं। यह अलग बात है कि प्रतिदिन इसे उपयोग करने के बावजूद हम इसके बारे में ज़्यादा नहीं जानते। इसका कारण है इस बारे में सही ज्ञान का अभाव।

बॉडी लैंग्वेज के विषय में जानने के लिये संवाद के बारे में जानना आवश्यक है। संवाद दो तरह से व्यक्त किया जाता है–पहला, मौखिक संवाद, और दूसरा–शारीरिक संवाद। मौखिक संवाद से हम सभी परिचित हैं। इसके प्रयोग के बिना जीवन अधूरा है। अपनी बात को दूसरे तक पहुँचाने का यह एक सशक्त माध्यम है।

शारीरिक संवाद के बारे में भी कई लोग जानते हैं, लेकिन आम जीवन में इसका उपयोग प्रत्यक्ष रूप से न करके अप्रत्यक्ष रूप से किया जाता है। शारीरिक संवाद का उपयोग भी हमारे जीवन में उतना ही महत्त्व रखता है, जितना मौखिक संवाद। यदि यह कहा जाये कि इसका उपयोग मौखिक संवाद से भी ज़्यादा महत्त्वपूर्ण है, तो ग़लत नहीं होगा। कभी–कभी जो बात हम एक–दूसरे को मौखिक संवाद से नहीं समझा पाते, वही शारीरिक संवाद अर्थात् बॉडी लैंग्वेज के द्वारा आसानी से समझाई जा सकती है। आज भी हम खुशी का इज़हार मुस्कराकर, हँसकर या नाच–गाकर करते हैं।

इसी प्रकार उदासी तथा किसी गम्भीर समस्या से घिरे होने के समय हमारे

चेहरे का रंग उड़ जाता है। अर्थात् शब्द से पहले उसका भाव बॉडी लैंग्वेज द्वारा ही प्रकट हो जाता है। बॉडी लैंग्वेज का कोई शाब्दिक ज्ञान न होने के बावजूद हम इसका उपयोग करते रहते हैं। क्योंकि यह मानव कृत भाषा नहीं, वरन प्रकृति से मिलने वाला अद्भुत ज्ञान है। यह हमारी प्रवृत्ति का ही एक हिस्सा है।

ऐसा नहीं है कि बॉडी लैंग्वेज का उपयोग सिर्फ़ वे लोग ही करते हैं, जो इसके सिद्धान्तों के बारे में जानते हैं। इसका उपयोग निरक्षर और उच्च शिक्षित–दोनों वर्गों के लोग समान रूप से करते हैं।

बॉडी लैंग्वेज को समझने के लिये आप अपने कार्य क्षेत्र में दृष्टि डालें तथा निम्न बातों पर ध्यान दें। ऐसा करने से आप भी बॉडी लैंग्वेज के बारे में आसानी से जानकारी हासिल कर सकते हैं–

छोटे बच्चे अपनी मनपसंद चीज़ पाने के लिये केवल शब्दों का ही प्रयोग नहीं करते, बल्कि वे नाक–मुँह सिकोड़कर रूठ भी जाते हैं। इस प्रकार वे बॉडी लैंग्वेज का प्रयोग करते हैं। यदि इसके बाद भी उनकी माँग पूरी न हो, तो वे ज़मीन पर लोटना शुरू कर देते हैं। बॉडी लैंग्वेज का ऐसा सुन्दर और अर्थपूर्ण उदाहरण भला और क्या हो सकता है?

जब आप सुबह की सैर पर जाते हैं या पैदल ऑफ़िस या शॉपिंग करने के लिये निकलते हैं, तो रास्ते में अनेक परिचितों से आप अभिवादन का आदान–प्रदान करते हैं। बिना कुछ कहे या सुने आप उनके मनोभावों को पढ़कर मान लेते हैं कि वे वर्तमान में प्रसन्न हैं।

संगीतकार संगीत का निर्देशन इशारों में ही देते हैं न कि बोलकर।

किसी को खिलखिलाकर हँसते हुए देखकर आपके चेहरे पर भी मुस्कान फैल जाती है, चाहे हँसने वाला व्यक्ति आपका अपरिचित ही क्यों न हो।

कुश्ती या दंगल में पहलवान अनेक पैंतरों से अपने प्रतिद्वंद्वी को ललकारते हैं।

आप शाम को अपने काम से घर लौटते हैं, लेकिन क्या हमेशा बच्चे आपको देखकर चहकने लगते हैं। आपने देखा होगा कि वे हमेशा ऐसा नहीं करते, क्योंकि आपकी बॉडी लैंग्वेज का उनकी मनोस्थिति पर गहरा प्रभाव पड़ता है।

प्रतिदिन घर से बाहर निकलते समय आप अपनी पत्नी को आलिंगन करते हैं या चूमते हैं। यह भी आपकी बॉडी लैंग्वेज है, जो पत्नी से कहती है कि आप उन्हें बहुत प्यार करते हैं। यह अलग बात है कि रास्ते में किसी खूबसूरत लड़की को कनखियों से देखकर वहाँ भी आप अपनी बॉडी लैंग्वेज का भरपूर इस्तेमाल करते हैं।

ऐसा भी हो सकता है कि आपने कोई मूक–बधिर फ़िल्म देखी हो। बिना किसी

ध्वनि के बावजूद आप कलाकारों के हाव−भाव और चेष्टाओं से न केवल कहानी को समझ लेते हैं बल्कि उनके पात्र परिचय को भी भली प्रकार जान जाते हैं।

ये कुछ उदाहरण हैं, जो बॉडी लैंग्वेज के अर्थ को विस्तारित करते हैं। ये सभी स्थितियाँ कमोबेश हमसे सम्बन्धित है। प्रतिदिन हम इनसे रूबरू होते हैं, चाहे हम इसे बॉडी लैंग्वेज की संज्ञा न देते हों, क्योंकि यह सब हमारी जीवन शैली में समाहित हैं।

वास्तव में दिन भर में हम शाब्दिक भाषा का जितना प्रयोग करते हैं। बॉडी लैंग्वेज का भी प्रयोग उससे कम नहीं करते। यह बात अलग है कि यह बात हमारे नोटिस में नहीं आता।

चूँकि इस पुस्तक का उद्देश्य भारतीय वातावरण के आधार पर बॉडी लैंग्वेज के उपयोग को बताना या प्रशिक्षण देना है, इसलिए पाठकों को अनावश्यक विषयों से भ्रमित करने की चेष्टा न कर, सारा ध्यान केवल इसी विषय वस्तु पर केन्द्रित रखना श्रेयस्कर रहेगा ताकि हम बॉडी लैंग्वेज का उपयोग अपने व्यावहारिक जीवन में किस प्रकार कर सकते हैं।

आज प्रतिस्पर्धा के इस युग में यह आवश्यक हो गया है कि हम अपनी समस्त क्षमताओं का दोहन करें। यदि हम ऐसा करने में सफल नहीं हो पाते हैं तो यह सम्भव नहीं कि हम आज की गलाकाट प्रतिस्पर्धा का सामना आसानी पूर्वक कर पायें। आज व्यावसायिक और दैनिक जीवन में देह भाषा का प्रयोग एक सामान्य−सी बात है। आपको केवल यह ध्यान रखना है कि आपकी गतिविधियों से किसी को मानसिक और आर्थिक कष्ट न हो। यदि आप कुछेक मानवीय मापदण्डों का पालन कर सकें, तो अपनी उन्नति के लिये कोई भी कार्य करने के लिये स्वतन्त्र हैं।

🪔⚙🪔

अभिवादन (नमस्ते तथा चरण स्पर्श) की दैहिक भाषा

नमस्ते

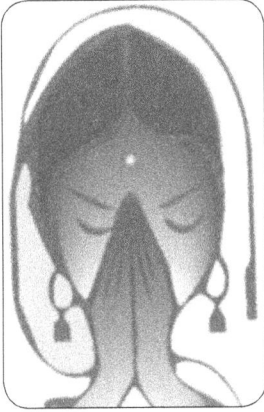

अपने दोनों हाथों को हृदय के पास लाकर, आपस में मिलाकर किसी का आदर– सत्कारपूर्ण स्वागत करना 'नमस्ते' कहलाता है। इसकी भिन्न–भिन्न मुद्राएँ व्यक्ति विशेष की किसी मिलने वाले के प्रति श्रद्धा और भावना प्रकट करती हैं। अभिवादन मौन एवं बोलचाल दोनों रूपों में किया जाता है।

बोलचाल में इसे नमस्ते, नमस्कार, प्रणाम आदि सम्बोधनों से उच्चारित किया जाता है और मौन भाषा में हाथों के साथ–साथ चेहरे के हाव–भाव द्वारा अपनी भावनाओं की अभिव्यक्ति की जाती है।

नमस्ते करने की भिन्न–भिन्न मुद्राओं से हम किसी भी व्यक्ति के बारे में आसानी से काफी कुछ जान सकते हैं।

नमस्ते की विभिन्न मुद्रायें कुछ यों हैं–

- शालीन मुद्रा में नमस्ते करना
- सिर हिलाकर नमस्ते करना
- थोड़ा झुककर नमस्ते करना
- गर्दन को अकड़ाकर नमस्ते करना
- अपने हाथों की अँगुलियों को आपस में मिलाकर नमस्ते करना
- अपने दोनों हाथ सिर के ऊपर ले जाकर नमस्ते करना

शालीन मुद्रा में नमस्ते करना

जो पुरुष या स्त्री शालीन मुद्रा में नमस्ते करते हैं, वे

सादगी प्रिय होते हैं। उन्हें प्रदर्शन व दिखावा ज़रा भी पसन्द नहीं होता। उनका चरित्र ऊँचा होता है, इसलिए वे न तो किसी की बुराई करते हैं और न ही किसी की बुराई सुनते हैं। ऐसे व्यक्ति दृढ़ निश्चयी, धार्मिक तथा ईश्वर के प्रति अगाध श्रद्धा–भक्ति रखने वाले होते हैं। ये अपनी बात के पक्के होते हैं, अर्थात् किसी की गुप्त बात ये कभी भी किसी दूसरे पर जाहिर नहीं करते।

सिर हिलाकर नमस्ते करना

सिर हिलाकर नमस्ते करने वाले प्रायः अहंकारी होते हैं। ऐसे लोग सामने वाले को यह दर्शाने की कोशिश करते हैं, जैसे ये अच्छे व्यक्तित्व के स्वामी है, जबकि सच्चाई ठीक इसके विपरीत होती है। ऐसे लोग घमण्डी, झूठी शानौ–शौक़त वाले और क़दम–क़दम पर सफ़ेद झूठ बोलने वाले होते हैं। ऐसे लोग स्वार्थी भी होते हैं, अपने स्वार्थ की पूर्ति के लिये ये किसी की भी पीठ में छुरा घोंप सकते हैं। अपनी कही बात से पलट जाना इनके लिये बेहद मामूली बात है।

थोड़ा झुककर नमस्ते करना

ऐसे पुरुष या स्त्री भावुक क़िस्म के होते हैं और सदा सुन्दर कल्पनाओं में खोये रहते हैं। दूसरों के दुःख से ये स्वयं दुःखी हो जाते हैं। ये किसी का दिल नहीं दुःखाते। धार्मिक निष्ठा इनके संस्कारों में कूट–कूटकर भरी होती है।

इन्हें प्रकृति, पेड़–पौधों, पशुओं व जीव–जन्तुओं से बेहद लगाव होता है। दूसरों की निन्दा सुनना इन्हें बिलकुल पसन्द नहीं, इसलिए ये दूसरों की निन्दा भी नहीं करते। अपने सरल स्वभाव और सच्चे मन की वजह से ये समाज में अवश्य लोकप्रिय होते हैं।

गर्दन को अकड़ाकर नमस्ते करना

ऐसे व्यक्ति स्वाभिमानी या फिर अक्खड़ प्रवृति के होते हैं। ये टूटना पसन्द करते हैं, लेकिन झुकना नहीं। इस प्रकार के व्यक्ति स्वयं तो धोखा खा जाते हैं, लेकिन दूसरों को धोखा नहीं देते, इसलिए ये किसी की खरी–खोटी नहीं सुनते और न ही किसी ग़लत बात पर समझौता करते हैं। इसके विपरीत ऐसी स्त्रियाँ चरित्रहीन, स्वार्थी तथा परपुरुषगामी होती हैं। सामाजिक जीवन में ये स्वच्छन्द ही रहना पसन्द करती हैं।

अपने हाथों की अँगुलियों को आपस में मिलाकर नमस्ते करना

कुछ लोग ऐसे भी होते हैं, जो नमस्ते करते समय अपने दोनों हाथों को पूरा न

मिलाकर केवल अँगुलियाँ ही मिलाते हैं। ऐसे व्यक्ति चापलूसी करने में माहिर होते हैं। ये पक्के कामचोर तथा बेहद कंजूस प्रवृत्ति होते हैं। किसी बात को तिल का ताड़ बनाने में इन्हें दो मिनट का भी समय नहीं लगता। ये सौम्य और सुशील होने का दिखावा तो करते हैं, जबकि वास्तव में ये रंगे सियार होते हैं। स्वार्थी किस्म के ये लोग अपने लिये ही जीना पसन्द करते हैं, और अपने लिये ही मरते हैं।

अपने दोनों हाथ सिर के ऊपर ले जाकर नमस्ते करना

ऐसे लोग अपना प्रदर्शन अधिक करते हैं और समाज में स्वयं को प्रमुख दिखाने का ढोंग करते हैं। ऐसे लोग पक्के धूर्त और चालबाज़ होते हैं। इनके मुँह में राम तथा बग़ल में छुरी होती है। ये अहंकारी, दम्भी और कपटी प्रवृति के होते हैं। अगर ऐसे लोग नेता हों तो वे अपने पद का दुरुपयोग करके राष्ट्र को क्षति पहुँचाते हैं।

चरण-स्पर्श

चरण–स्पर्श यानी पाँव छूना हमारी पारिवारिक संस्कृति व परम्परा को दर्शाता है।

पाँव छूना सामने वाले के प्रति श्रद्धा और आदर का प्रतीक है। हमारे परिवारों में में बचपन से ही यही शिक्षा दी जाती है कि अपने से बड़ों का हमेशा आदर–सम्मान करना चाहिए, जिसकी अभिव्यक्ति उनके चरण छूकर की जाती है। चरण–स्पर्श के लिए झुककर सामने वाले व्यक्ति विशेष के पाँवों को हाथों से छूकर माथे पर लगाया जाता है।

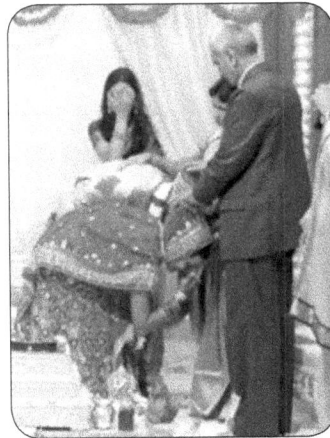

चरण–स्पर्श की कुछ विशेष मुद्राएँ निम्नलिखित हैं–

- पाँव छूने का सही तरीक़ा
- कमर झुकाकर चरण–स्पर्श करना
- खड़े–खड़े पाँव छूना

पाँव छूने का सही तरीक़ा

सामने वाले व्यक्ति विशेष के पाँव अपने दोनों हाथों से छूकर अपने माथे से स्पर्श

कराना, चरण–स्पर्श का सही तरीक़ा है। ऐसे लोग परोपकारी, संयमी, मधुरभाषी और कल्पनाशील प्रवृति वाले होते हैं। इन पर आँख मूंदकर विश्वास किया जा सकता है। ऐसे लोग बुद्धिमान होते हैं और व्यसनों से सदैव दूर रहते हैं। ये किसी का दिल नहीं दुःखाते, बल्कि दुःखी लोगों की अपनी ओर से हरसम्भव सहायता करते हैं। इनके आचरण और व्यवहार की सदैव प्रशंसा की जाती है, इसलिए ऐसे व्यक्ति हमारे समाज में लोकप्रिय भी होते हैं।

कमर झुकाकर चरण-स्पर्श करना

ऐसे लोग आधे–अधूरे मन से पाँव छूते हैं। इनकी निर्णय लेने की क्षमता बेहद क्षीण होती है, इसलिए निर्णय लेते समय ये दुविधाग्रस्त रहते हैं और अन्त में निर्णय का समय और हालात पर छोड़ देते हैं। ऐसे लोग दिखावा करने में माहिर होते हैं, इसी वजह इनमें स्वार्थ की भावना भी पायी जाती है। समाज द्वारा ऐसे व्यक्तियों की घोर निन्दा की जाती है।

खड़े-खड़े पाँव छूना

ऐसे लोग जो केवल खड़े–खड़े ही पैर छूने का दिखावा करते हैं, अभिमानी और घमण्डी प्रवृति के होते हैं। जिस व्यक्ति के लिये ये पैर छूने का दिखावा करते हैं, उसके लिये इनके मन में आदर का कोई भाव नहीं होता। ये बस समाजिक बन्धनों की वजह से विवशता में ऐसा करते हैं। ऐसे व्यक्ति स्वयं को बहुत बुद्धि मान समझते हैं और दूसरों को बेवकूफ़ समझना। इनकी नियति होती है। बात–बात पर दूसरों की बात काटना और झूठ पर झूठ बोलना इनकी आदत होती है। ऐसे लोग आपके सामने आपकी बड़ाई तथा आपके पीठ के पीछे आपकी बुराई करने में माहिर होते हैं।

हाथ मिलाने की दैहिक भाषा

ऐसा माना जाता है कि हाथ मिलाना पश्चिमी सभ्यता की देन है, लेकिन इसका अर्थ यह नहीं है कि हाथ मिलाने का रिवाज भारत ने पश्चिम से सीखा हो।

'रामायण' में इस बात का उल्लेख मिलता है कि अपने वनवास के दौरान भगवान श्रीराम ने सुग्रीव से मित्रता की शुरुआत हाथ मिलाकर की थी। वास्तव में हम भारतीय लगभग 5 हज़ार साल पहले से हाथ मिलाने की प्रथा से परिचित थे।

हाथ मिलाने के दौरान व्यक्ति का बॉडी लैंग्वेज़ बहुत से संकेत छोड़ जाता है। इन संकेतों को बॉडी लैंग्वेज़ के माध्यम से जाना जा सकता है।

कुछ संकेत नीचे दिये जा रहे हैं, जिनके आधार पर हम हाथ मिलाने के साथ ही व्यक्ति के चरित्र और स्वभाव के बारे में आसानी से जान सकते हैं।

- हाथ मिलाते समय हथेली का ज़मीन की ओर होना
- हाथ मिलाते समय हथेली का आसमान की ओर होना
- ढीला–ढाला और लचकदार हाथ
- हाथों से सहयोग का प्रदर्शन करना
- तेज़ी से हाथ मिलाना
- हाथ मिलाते समय बायें हाथ की भूमिका
- 'मरी मछली' के समान हाथ मिलाना
- अँगुली के छोरों से हाथ मिलाना

हाथ मिलाते समय हथेली ज़मीन की ओर होना

हाथ मिलाने के दौरान दोनों पक्षों की हथेलियाँ महत्त्वपूर्ण भूमिका निभाती हैं। जब कोई व्यक्ति हाथ मिलाते समय अपनी हथेली ज़मीन की तरफ़ रखकर हाथ मिलाये, तो समझना चाहिए कि उसका स्वभाव बहुत ही समझौतावादी है।

ऐसे व्यक्ति चाहते हैं कि उनका हमेशा सम्मान होता रहे और ऐसे लोग अपनी मनोकामनाओं और सोच को दूसरे पर नहीं थोपते। इनका स्वभाव सहज होता है, जिसके फलस्वरूप ये किसी भी माहौल में स्वयं को आसानी से ढाल लेते हैं।

हाथ मिलाते समय हथेली का आसमान की ओर होना

हाथ मिलाते समय जब किसी व्यक्ति की हथेली आसमान की ओर होती है, तो ऐसा व्यक्ति सहनशील तथा सकारात्मक विचारों वाला होता है।

आमतौर पर कलाकार, लेखक, संगीतकार इसी ढंग से हाथ मिलाते हैं। ऐसे लोग दूसरों की सहायता के लिये हमेशा तैयार रहते हैं।

ढीला-ढाला और लचकदार हाथ

हाथ मिलाने के दौरान जब किसी व्यक्ति का हाथ ढीला–ढाला और लचकदार हो, तो समझना चाहिए कि वह व्यक्ति अपने कार्य के प्रति उदासीन रहने वाला तथा लापरवाह क़िस्म का है। वास्तव में ऐसे व्यक्ति मूडी स्वभाव के होते हैं।

हाथों से सहयोग का प्रदर्शन करना

अकसर आपने देखा होगा कि कुछ लोग हाथ मिलाने के समय सामने वाले व्यक्ति का हाथ अपने दोनों हाथों में थाम लेते हैं।

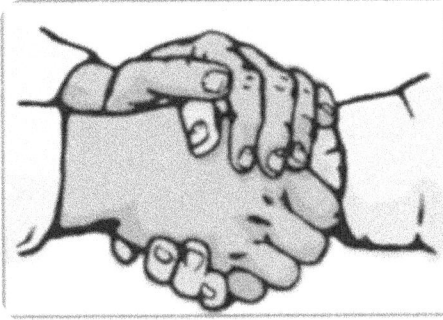

ऐसे व्यक्ति इस बात का संकेत करते हैं कि आप अकेले नहीं हैं। जहाँ तक हो सकेगा मैं आपको सहयोग दूँगा। किसी दुर्घटना के बाद ढाढस बँधाने की चेष्टा भी इसी भावना की परिचायक है। इस तरह से हाथ मिलाने वाले असीम अपनत्व को दर्शाते हैं।

वैसे देखा गया है कि इस तरह हाथ मिलाने लोग राजनीति से सम्बन्धित होते हैं। राजनेताओं के बारे में कहा जा सकता है कि उनका यह प्रेम या लगाव बनावटी हो सकता है, लेकिन सभी मामलों में ऐसा नहीं होता। कुछ राजनेता वास्तव में किसी के दुःख की घड़ी में उसका पूरा–पूरा साथ देते हैं।

तेज़ी से हाथ मिलाना

जो लोग स्वयं को दूसरों की तुलना में महत्त्वपूर्ण समझते हैं, ऐसे लोग हाथ मिलाने की औपचारिकता तेज़ी से सम्पन्न करते हैं।

ऐसे व्यक्ति सामने वाले को मौक़ा ही नहीं देना चाहते कि वह हाथ मिलाने के लिये मानसिक और शारीरिक तौर पर अपने आपको तैयार करे। इस चेष्टा से इनका अहम् स्पष्ट रूप से सामने वाले व्यक्ति पर अपना प्रभाव डालता है। ऐसे व्यक्तियों को ऐसा स्वभाव इनकी निकृष्टता को दर्शाता है।

हाथ मिलाते समय बायें हाथ की भूमिका

कुछ लोग हाथ मिलाते समय अपने बायें हाथ का भी इस्तेमाल करते हैं। देखें चित्र–

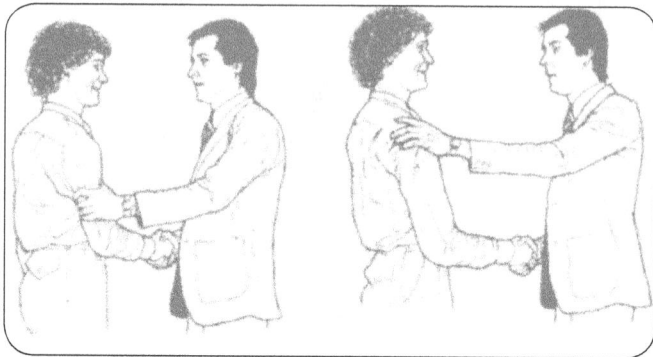

जो व्यक्ति हाथ मिलाते समय आपकी कलाई या बाजू को बायें हाथ से पकड़े, ऐसा व्यक्ति आपको मौखिक दिलासा देता है। वास्तविकता को न वह समझता है और न ही समझने का प्रयास करता है।

जो लोग हाथ मिलाते समय कन्धे पर बायाँ हाथ रखते हैं, वे कलाई या बाजू को हाथ से थामने वालों की तुलना में सहिष्णु, उदार और समय पर काम आने वाले साबित होते हैं। ये लोग कभी भी झूठा या अपनी हैसियत से बाहर का आश्वासन नहीं देते। इनकी भाषा सहज व सरल होती है और ये आपके विचारों या समस्या पर गम्भीरता से ध्यान देते हैं। हालाँकि ऐसे व्यक्ति सही समय पर सही निर्णय लेने में माहिर नहीं होते, लेकिन जब किसी की सहायता की बात इनके सामने आती है, तो ये तत्काल निर्णय ले लेते हैं।

'मरी मछली' के समान हाथ मिलाना

कुछ लोग हाथ मिलाने के लिये अपना हाथ ऐसे दे देते हैं, जैसे आपके हाथ में उसने एक मरी मछली रख दी हो। ठंडा, बेजान और भावनाहीन।

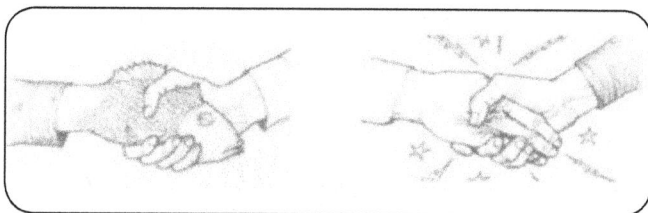

नोटः– 'मरी मछली' हाथ मिलाने के बारे में एक चीज़ याद रखें कि ऐसे हाथ मिलाने वाले को एकदम ही भावनाहीन अथवा आत्मविश्वास शून्य न समझें। कई पेशेवर लोग जैसे, सर्जन, चित्रकार तथा संगीतकार जिनकी अँगुलियाँ को नाजुक

काम करने पड़ते हैं, वे अपनी अँगुलियों की सुरक्षा की भावना से प्रेरित होकर प्रायः 'मरी मछली' हाथ थमाते हैं, अतः निश्चित कर लीजिये कि वह व्यक्ति उपरोक्त व्यवसायों से सम्बन्धित तो नहीं है।

अँगुली के छोरों से हाथ मिलाना

कुछ लोग दूसरों को हाथ मिलाते समय केवल अपनी अँगुलियों के छोर ही पकड़ाते हैं, पूरा हाथ नहीं। ऐसे व्यक्तियों में या तो आत्मविश्वास की कमी होती है या वे दूसरों पर पूरा विश्वास नहीं करते। ऐसे व्यक्तियों में आत्मीयता का अभाव होता है।

एक सलाह

भारत की अपनी संस्कृति अति प्राचीन है। हमारे अपने रीति–रिवाज हैं। एक दूसरे के स्वागत तथा अभिवादन की अपनी अलग–अलग विधियाँ हैं। यहाँ हर व्यक्ति को किसी दूसरे से हाथ मिलाकर उसका स्वागत करने की शायद आदत न हो। दोनों हाथ जोड़कर नमस्ते करना ही सर्वाधिक लोकप्रिय रिवाज है। अतः हमारी सलाह है कि किसी दूसरे व्यक्ति से मिलें तो दूसरे की आदतों से परिचित हुए बिना एकदम से हाथ मिलाने के लिये अपने हाथ आगे न बढ़ायें। अगर दूसरा व्यक्ति भारतीय वेश–भूषा में है, तो 'नमस्ते' करना ही श्रेयष्कर रहेगा। हां, यदि दूसरा व्यक्ति आधुनिक वेश–भूषा में है और पश्चिमी रंग–ढंग दिखा रहा है, तो ज़रूर हाथ बढ़ाकर मिलाइये।

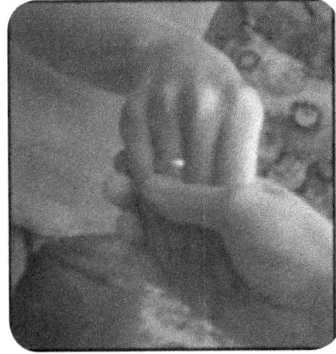

बातचीत की दैहिक भाषा (मोबाइल का प्रयोग)

प्रत्येक व्यक्ति बातचीत के दौरान अपनी भावनाओं की अभिव्यक्ति करता है। बातचीत में आवाज़ का विशेष महत्त्व होता है, जैसे धीमा, अत्यन्त धीमा, मध्यम, ऊँचा तथा बेहद ऊँचा बोलना।

कोई व्यक्ति आपकी बाहें पकड़कर बात करता है तो कोई आपके सामने सिर झुकाकर बात करता है। इसी के आधार पर बातचीत की मुद्रायें निम्न प्रकार की हैं–

- ↻ बाहें पकड़कर बात करना
- ↻ सिर उठाकर बात करना
- ↻ सिर झुकाकर बात करना
- ↻ बाहें भींचकर बात करना

बाहें पकड़कर बात करना

बातचीत करने वाला व्यक्ति जब अपने सामने खड़े व्यक्ति की बाहों को थामकर बात करता है, तो इसका मतलब यह है कि वह सामने वाले व्यक्ति पर अधिकार रखता है अर्थात् उसे विश्वास होता है कि वह उसका कहना मान ही लेगा। बाँह पकड़ने वाला व्यक्ति स्वयं को अधिक बुद्धिमान समझता है। वह अपनी बातचीत द्वारा सामने वाले को प्रभावित करने का प्रयास करता है।

सिर उठाकर बात करना

सिर उठाकर बात करने वाले व्यक्ति आत्मविश्वास से भरपूर होते हैं। वह अपनी बात का प्रभाव अच्छी तरह से जानते हैं। ऐसे व्यक्ति धनवान, सुखी–सम्पन्न तो होते हैं, किन्तु अभिमानी भी होते हैं। दूसरों की आँखों में आँखें डालकर बात करना इनकी आदत में शुमार होता है, जिससे ये सामने वाले व्यक्ति के मनोभावों को फ़ौरन पहचानकर उसी अनुसार अपना आचरण व व्यवहार भी परिवर्तित कर लेते हैं। ऐसे व्यक्ति मेहनती तो होते हैं साथ ही क्रोधी भी होते हैं। इनकी निर्णय लेने की क्षमता तेज़ होती है।

सिर झुकाकर बात करना

सिर झुकाकर बात करने वाले व्यक्तियों में आत्मविश्वास की कमी पायी जाती है तथा ऐसे लोग प्रायः किसी न किसी हीन–भावना से ग्रस्त रहते हैं। ऐसा व्यक्ति अपनी कार्य प्रणाली का निर्धारण ठीक प्रकार से नहीं कर पाता। वह गम्भीर सोच विचार अवश्य करता है, परन्तु निर्णय लेने में असफल रहता है। ऐसे लोग नीची निगाहें करके बातचीत करते हैं, ताकि सामने वाला इनके मनोभावों को न पढ़ पाये। ऐसे व्यक्ति कल्पनाओं के ताने–बाने बुनने में माहिर होते हैं। उन्हें यथार्थ के धरातल पर चलना ज़रा भी पसन्द नहीं। इनके मन की थाह कोई आसानी से नहीं ले सकता। देखा गया है कि ऐसे व्यक्ति निराशावादी भी होते हैं।

बाहें भींचकर बात करना

जो लोग सामने वाले की बाहें पकड़कर बातचीत करते हैं, वे सामने वाले से अपनी बात मनवाना चाहते हैं। ऐसे व्यक्ति चाहते हैं कि सामने वाला केवल उनकी बात सुने और अपनी एक बात न कहे। ऐसे व्यक्ति अधिक चालाक होते हैं। इनसे सावधान रहना ही बेहतर है।

मोबाइल फोन और बॉडी लैंग्वेज़

आज के विकासशील युग में मोबाइल हमारे जीवन का ज़रूरी अंग बन गया है। आप जैसे ही अपने घर से बाहर क़दम रखेंगे, आपको कोई न कोई व्यक्ति मोबाइल पर अपने अन्दाज़ में बात करता दिखायी दे जायेगा।

किसी भी व्यक्ति के मोबाइल रखने तथा बात करने के तरीक़े से हम उसके बारे में काफ़ी कुछ जान सकते हैं। कैसे ? आइये नज़र डालते हैं कुछ तरीक़ों पर–

- गर्दन झुकाकर बात करना
- मुँह से दूर रखकर बात करना
- गर्दन टेढ़ी करके बात करना
- हाथ उठाकर बात करना

- ➭ मोबाइल को हमेशा अपने हाथ में रखना
- ➭ बैठे–बैठे मोबाइल से खेलना

गर्दन झुकाकर बात करना

जो लोग मोबाइल पर बात करते समय अपनी गर्दन को थोड़ा झुकाकर रखते हैं, ऐसे लोग स्वभाव से परोपकारी और भावुक होते हैं।

ऐसे लोगों की जीवन शैली नियमित होती है, जिसमें ये बार–बार परिवर्तन नहीं करते। इनकी विचारधारा और सोच परिपक्व होती है तथा ये मेहनती भी बहुत होते हैं। ये उसी कार्य को करना पसंद करते हैं, जिसे ये कर सकते हैं। जो कार्य इनकी पहुँच से बाहर होता है, ये उसे करने का प्रयास भी नहीं करते। ऐसे लोगों की याददाश्त बड़ी तेज़ होती है तथा ये छोटी–छोटी बातों का भी ख़ास ध्यान रखते हैं।

मुँह से दूर रखकर बात करना

जो लोग मोबाइल पर बात करते समय मोबाइल को अपने मुँह को थोड़ा दूर रखते हैं, ऐसे लोग चाहे नौकरी करते हों या व्यवसाय, ये उसमें अवश्य सफलता प्राप्त करते हैं। ऐसे लोग कला के शौकीन होते हैं। अपने जीवन में ये सभी भौतिक सुखों का भोग करते हैं। ऐसे लोग विपरीत लिंग के प्रति शीघ्रता से आकर्षित होते हैं। अच्छा भोजन, अच्छे वस्त्र, बनठन कर रहना इन्हें विशेष रूप से प्रिय होता है। ऐसे लोग सौन्दर्य प्रसाधनों का खुलकर इस्तेमाल करते हैं।

गर्दन टेढ़ी करके बात करना

जो लोग गर्दन टेढ़ी करके मोबाइल पर बात करते हैं, वे पुरुष हों या स्त्री, इनकी बॉडी लैंग्वेज़ की एक विशेषता है कि इनका हाथ इनके शरीर के काफ़ी नज़दीक रहता है। ऐसे लोग भाग्य के धनी होते हैं। इन्हें प्रायः सभी प्रकार के शौक़ होते हैं, इसलिए ये सभी प्रकार के भौतिक सुखों का भोग करते हैं।

बॉडी लैंग्वेज़

हाथ उठाकर बात करना

जो लोग अपने हाथ की कुहनी को शरीर से दूर करके मोबाइल पर बात करते हैं, ऐसे लोग बोलचाल तथा व्यवहार में माहिर होते हैं। ये दूसरों को फ़ौरन अपनी ओर आकर्षित कर लेते हैं। अपनी वाकपटुता से ये सभी प्रकार के कार्य बड़ी आसानी से कर लेते हैं। ऐसे लोग अपने जीवन से सन्तुष्ट होते हैं तथा सदा उन्नति करते हैं।

मोबाइल को हमेशा अपने हाथ में रखना

जो लोग मोबाइल को हमेशा अपने हाथ में पकड़े रहते हैं और अपने ज़्यादातर काम मोबाइल हाथ में पकड़े–पकड़े करते हैं, ऐसे लोगों में अपने आपके आधुनिक और सम्पन्न दिखाने की प्रवृति पायी जाती है। ऐसे लोग दिखावा भी काफ़ी करते हैं। ऐसे लोग अपने सम्पर्क में आये हर व्यक्ति पर अपना रौब जमाने की कोशिश करते हैं।

बैठे-बैठे मोबाइल से खेलना

जो लोग अपने खाली समय में अपने मोबाइल को उलटते–पुलटते या उसके साथ छेड़छाड़ करते हैं तो ऐसे लोग धैर्यहीन व जल्दबाज क़िस्म के होते हैं। ये कई बार ऐसे कार्य हाथ में ले लेते हैं, जिन्हें ये समय पर पूरा नहीं कर पाते, इसी वजह से इन्हें बाद में परेशानी उठानी पड़ती हैं। कई लोग अपने अहम् की तुष्टि करने के लिये मोबाइल से खेलते रहते हैं।

प्रेम निमन्त्रण के भाव और स्त्रियों की दैहिक भाषा

बॉडी लैंग्वेज़ (शारीरिक भाषा) का इतिहास मानव जीवन के उद्भव से जुड़ा है। लाखों साल पहले हम प्रेम निमन्त्रण के लिए जो खास तरीक़े अपनाते थे, आज भी उन्हीं तरीक़ों को अपना रहे हैं।

प्रेम निमन्त्रण के भावों को हम निम्नलिखित तथ्यों से समझ सकते हैं।

- आपने देखा होगा कि विभिन्न मॉडल अपने हाव–भाव से आपको रिझाने का प्रयास करते हैं। इन भंगिमाओं में विशेषतौर पर लड़कियों के लिये उभरे और गोलाकार कूल्हों का भी प्रदर्शन करना शामिल है। विदेशों में आजकल जो पहनावा लोकप्रिय हो रहा है, उसमें कूल्हों को कुछ हद तक नग्न रखा जा रहा है। आज इसे स्त्रियों के प्रबल देह आकर्षण की चेष्टा में प्रयुक्त किया जाने लगा है। आपने फ़ैशन शो के दौरान मॉडल को रैंप पर चलते हुए देखा होगा। यदि आप ग़ौर से देखें, तो आपको पता चलेगा कि उनके प्रदर्शन का केन्द्र कूल्हे ही हैं। यदि कोई नवयुवती किसी को देखकर अपने हाथ कूल्हे पर ले जाती है, तो इसे उसके द्वारा प्रेम निमन्त्रण का पहला प्रयास समझना चाहिए।

↺ एक समय में अंगों को निर्वस्त्र रखना भी देह आकर्षण का प्रतीक था। यह इतना लोकप्रिय हुआ कि विदेशों में स्त्रियों के नीचे के वस्त्र घुटनों से ऊपर तक ही रहने लगे। जब स्त्रियाँ सोते या बैठते समय अपनी टाँगों को नग्न रखें, तो इसका सीधा अर्थ देह द्वारा लोगों को आकर्षित करना ही है। टाँगों का नग्न दिखाने का एक अर्थ वस्त्रों का अस्त–व्यस्त प्रदर्शन भी है।

अंगों को लापरवाही से वस्त्रहीन करना भी देह आकर्षण की ही एक कोशिश है। समाज में एक विशेष वर्ग है, जो इन प्रयासों को अच्छी तरह से समझता है। यह विशेष वर्ग इस प्रकार की देह भाषा में महारत रखता है और इसका पूरा उपयोग भी करता है।

↺ गोरा रंग, बड़ी–बड़ी नीली आँखें और उन पर कमानीदार भवें हर किसी को अपनी ओर आकर्षित कर सकती हैं। वास्तव में आँखें स्वयं प्रेम निमंत्रण देने में सक्षम हैं। स्त्री की बड़ी–बड़ी आँखों की तुलना हिरण के बच्चे की सुंदर आँखों से की जाती हैं। जिस लड़की की आँखें बड़ी हों, उसे मृगनयनी कहा जाता है।

↺ आँखों की अपनी एक अलग भाषा है। किसी भी नवयुवती की आँखों में झाँककर आप आसानी से उसकी मनःस्थिति के बारे में जान सकते हैं। आँखें 'ना' और 'हाँ' बड़ी आसानी से कह सकती हैं। आँखों ही आँखों में प्रेम परवान चढ़ सकता है और आँखें फेरने पर आपके अरमानों पर ओस भी पड़ सकती है।

↺ आँखों द्वारा प्रेम निमन्त्रण की सबसे लोकप्रिय अदा 'एक आँख' को दबाना है, जिसे आम बोलचाल की भाषा में 'आँख मारना' भी कहा जाता है। यह एक खुला प्रेम निमन्त्रण होता है। यहाँ एक बात और विशेष ध्यान में रखने वाली है कि अगर कोई नवयुवती आँख मारने के साथ–साथ अपनी आँखों को ज़रा झुका ले, तो वह अपने प्रेम की पूर्ण रूप से स्वीकृति देती है। आम बोलचाल की भाषा में कहा जाये तो लड़की आपसे पट चुकी है।

↺ आप इस बात को अच्छी तरह से जानते होंगे कि आदमी को कई तरह की भूख लगती है, जिसमें नींद, भोजन और यौन इच्छा प्रमुख है। संभोग की

अपेक्षा भोजन और निद्रा अधिक महत्त्व रखती है। कुछ लोग यौन इच्छा पर क़ाबू पा लेते हैं, लेकिन इसे अपवाद की श्रेणी में रखा जा सकता है। आजकल हमारे समाज का जो ढाँचा है, उसे देखकर कहा जा सकता है कि लाखों लोगों ने अपनी यौन इच्छा पर नियन्त्रण कर रखा है, जबकि यह वास्तविकता नहीं है, क्योंकि जिस प्रकार हम पेट की भूख को अनेक तरीक़ों से शान्त करते हैं, उसी प्रकार यौन इच्छा को शांत करने के तरीक़े भी प्रचलित है। इनका उपयोग करके मनुष्य सामाजिक जीवन में ब्रह्मचारी होने का झूठा प्रदर्शन करता है।

ऊपर बतायी गयी बातों के पीछे रहस्य यह है कि मनुष्य यौन और पेट की भूख को एक चेष्टा या लक्षण विशेष से दर्शाता है। जब हमें ज़ोरों की भूख लगती है या हमारे सामने बढ़िया खाना रखा जाता है तो हम अपने होंठों पर जीभ फिराकर उन्हें नम करने लगते है। आम बोलचाल में इसे 'लार टपकाना' या 'मुँह में पानी आ जाना' कहते हैं। कुछ ऐसी ही हालत तब होती है, जबकि हमें यौन–संबंधों की प्रबल इच्छा हो और किसी विपरीत लिंग से हमारा सामना हो जाये। प्रायः लड़कियाँ अपने प्रेम निमन्त्रण को होंठों के ज़रिये प्रेमी तक पहुँचा देती हैं। होंठों को चूसना या निचले होंठ को हल्के–हल्के दाँतों से कुतरना एक खुला प्रेम निमन्त्रण है। यह एक ऐसा प्रयास है, जो सारी शर्मों–हया को ताक पर रख देता है।

हालाँकि आँखें सब कुछ बयां कर देती है, लेकिन होंठों से प्रतिस्पर्धा कतई नहीं कर सकती। कम–से–कम यौनेच्छा को होंठ दूसरे अंगों की तुलना में अधिक सशक्त ढंग से दर्शाते हैं। नीचे के होंठ चबाना तो खुला निमन्त्रण है ही, साथ ही दोनों होठों को खुला रखना भी यौन की दबी इच्छा को प्रकट करते हैं। इसका सम्बन्ध हमारी श्वसन क्रिया से है। जब यौन इच्छा प्रबल हो और विपरीत लिंगी से सकारात्मक प्रतिक्रिया की आशा हो, तो हमारी साँसें तेज़ चलने लगती हैं। नाक के स्थान पर मुँह से साँस क्रिया शुरू हो जाती है। दोनों होंठ खुल जाते हैं। होंठों का खुलना आकर्षण और इच्छा का परिचायक है। एक ज़माने में स्त्रियों द्वारा होंठों पर लिपस्टिक लगाने को सेक्स अपील माना जाता है, लेकिन आज के ज़माने में कई लड़कियाँ बिना मेकअप में भी बेहद सेक्सी लगती हैं।

- स्त्रियों के द्वारा गले और लम्बे बालों के बीच अपनी अँगुलियाँ घुमाना प्रेम निमन्त्रण का ही एक प्रतीक है। यह प्रयास दुनिया भर की लड़कियों और स्त्रियों के बीच खासा लोकप्रिय है। जब किसी पुरुष मित्र का प्रेम निमन्त्रण देह भाषा से प्राप्त होता है, तो उसकी स्वीकृति इस प्रयास से दी जाती है। साथी बनाने के सन्दर्भ में भी यह प्रयास पर्याप्त लोकप्रिय है चित्र देखें। हाथ को बालों के मध्य फिराना और गरदन को बायीं तरफ़

घुमाना इसी प्रयास का विस्तृत रूप है।

- प्रेम निमन्त्रण में चेहरे और आँखों के अलावा और भी दूसरे अंग महत्त्वपूण र्ा भूमिका निभाते हैं, जिनमें टाँगों की चेष्टाएँ विशेष रूप से उल्लेखनीय हैं। टाँगों के द्वारा प्रेम निमन्त्रण विदेशों में बेहद लोकप्रिय है। हालाँकि इसका एक कारण वहाँ का पहनावा भी है। हमारे यहाँ लड़कियाँ प्रायः अपने शरीर व टाँगों को ढके रहती हैं, जबकि विदेशों में स्कर्ट का फ़ैशन है, जो घुटनों तक मुश्किल से आती है।
- नीचे बने चित्र को गौर से देखिए।

इस चित्र में सलवार के चुस्त होने के कारण शारीरिक चेष्टा में एक सहायक हथियार का काम करता है। इस लड़की ने अपने घुटनों में परस्पर इतना अन्तर कर दिया है कि जाँघों को वस्त्र से ढके रखना इस सलवार के वश से बाहर हो गया है। यह एक खुला प्रेम निमन्त्रण है।

- टाँगों द्वारा प्रेम निमन्त्रण का एक और प्रदर्शन निम्न चित्र में देखिये–

इस चित्र में एक लड़की ने अपने एक पैर को दूसरे पर रखा है, लेकिन दोनों पैरों का झुकाव एक तरफ़ कर दिया है। जाँघों को अन्दर तक प्रदर्शित करने का यह नायाब तरीक़ा है। विपरीत लिंग के लिये यह एक ऐसा संकेत है, जिसे देखकर

प्रेमी के मन में दबी सभी शंकाएँ निर्मूल सिद्ध हो सकती है। यह चेष्टा सभी तरह के भय को समाप्त कर एक–दूसरे से मित्रता और प्रगाढ़ सम्बन्धों को निमन्त्रण देता है।

- प्रेम निमन्त्रण सम्बन्धी देह भाषा का अध्ययन करते समय आपने एक ख़ास बात यह ध्यान में रखनी है कि हमेशा यह नहीं होता है कि लड़कियों की सभी तरह की चेष्टाएं आपके लिये प्रेम या मित्रता का न्योता ही हों, भले ही आपको ऐसा लगे। इसमें काफ़ी सावधानी बरतने की आवश्यकता है। एक अज्ञात यौवना कुछ ऐसा पहन सकती है या ऐसी कोई हरकत कर सकती है जिसे देखकर आप भुलावे में इसे प्रेम निमंत्रण मान बैठे। कल्पना कीजिये कोई लड़की ऐसे वस्त्र पहनती है, जिनमें उसके शरीर के उन बाहरी अंगों का प्रदर्शन हो रहा है, जिनका प्रदर्शन समाज की वर्जनाओं की सीमा–रेखा में आता है, तो आप इसे अपने लिये मित्रता का बुलावा न समझ बैठें। कहीं ऐसा न हो कि लड़की की मित्रता की चाहत में आपको चिकित्सकों और वकीलों से दोस्ती करने को विवश होना पड़े। समझने वाली बात यह है कि कोई भी एक संकेत एक–दूसरे के पूरक हैं और एक–दूसरे पर आश्रित है। इसके साथ ही समय, स्थान और पात्र का भी विशेषतौर ध्यान रखना होगा, तभी जाकर किसी उचित निर्णय पर पहुँचा जा सकता है।

पुरुषों के द्वारा प्रेम निमन्त्रण

स्त्रियों के मामले में पुरुष अपने प्रेम निमन्त्रण को ज्यादा खुले ढंग से व्यक्त करते हैं। स्त्री का पुरुष से अथवा पुरुष का स्त्री से दृष्टि सम्पर्क होने पर आसक्ति जागे तो शरीर में क्या प्रतिक्रिया होती है? उनके शरीर में तुरन्त ही कई मानसिक तथा

शारीरिक परिवर्तन होने लगते हैं। आँखों में चमक आ जाती है, शरीर की मांसपेशियाँ तन जाती है, आँखों के नीचे की थैलियां सिकुड़ जाती है, पेट अन्दर की ओर खिंच जाता है, छाती फूल जाती है और शरीर युवा नज़र आने के लिये सीधा हो जाता है। फिर दूसरी अन्य मुद्राओं का प्रदर्शन भी आरम्भ हो जाता है।

- पुरुष बालों में हाथ फेरने लगता है। और उसकी आँखों में चमक आ जाती है।
- हाथ कॉलर को ठीक करने लगते हैं।
- आदमी अपने कपड़ों से काल्पनिक धूल के कण झाड़ने लगता है।
- आदमी अपनी टाई की नॉट को ठीक करने लगता है।

स्त्रियों की दैहिक भाषा

आजकल महिलायें भी खुद को सजने–संवरने के लिये उन प्रणय मुद्राओं का इस्तेमाल करती हैं, जो कि पुरुष करते हैं। जैसे–अपने बालों को छूना, कपड़ों पर हाथ फेरना, नितंब पर एक या दोनों हाथ रखना, पुरुष की तरफ़ पैर या शरीर को मोड़ना, ज़्यादा देर तक अपना बनाने वाली निगाह डालना और आँखों का ज़्यादा देर तक सम्पर्क बनाये रखना।

आजकल महिलायें पुरुषों की तरह बेल्ट में अँगूठे का भी इस्तेमाल करती है। हालाँकि पुरुषों की यह मुद्रा आक्रामक होती है, फिर भी महिलाएं इसे बड़ी चतुराई से इस्तेमाल में लाती हैं।

आइये जानते हैं कुछ संकेतों के आधार पर महिला की दैहिक भाषा–

सिर को झटकना

जो महिलायें अपने पसन्द के व्यक्ति के सामने जाती है, तो वह अपना सिर झटककर इस बात की ओर इशारा करती है कि वो उसे पसन्द करती है। यहाँ आपको एक बात का ख़ासतौर पर ध्यान रखना है कि कुछ स्त्रियाँ की आदत ही

बार–बार सिर झटकने की होती है। ऐसे में आपको उस महिला की अन्य मुद्राओं को ध्यान में रखकर ही उचित कोई नतीजा निकालना ही उचित होगा।

खुली कलाई

किसी पुरुष में रुचि लेने वाली महिला धीरे–धीरे अपनी कलाई की चमकदार नरम चमड़ी उसकी तरफ़ खोल देगी। कलाई को शरीर के सर्वाधिक कामुक क्षेत्रों में से एक माना जाता है। जब वह महिला बात करती है तो उसकी नाजुक हथेली भी पुरुष को दिखायी देती हैं। जो महिलायें सिगरेट पीती हैं उन्हें खुली हथेली की इस ललचाने वाली मुद्रा के प्रयोग में बहुत आसानी होती है। खुली कलाई और सिर को झटका देने वाली मुद्राओं का उपयोग समलैंगिग पुरुषों के द्वारा भी किया जाता है, जब वे महिला की तरह दिखना चाहते हैं।

खुले पैर

पुरुषों की ग़ैर हाज़िरी में किसी महिला के पैर आमतौर पर जितने खुले होते हैं, पसंदीदा पुरुष के सामने होने पर महिला के दोनों पैरों के बीच उससे ज़्यादा चौड़ाई हो जाती है। चाहे वह महिला बैठी हो या खड़ी हो मगर ऐसा ज़रूर होता है। यह मुद्रा सेक्स के प्रति रक्षात्मक दृष्टिकोण रखने वाली उस महिला के बिलकुल विपरीत होती है, जो अपने पैरों को एक–दूसरे के ऊपर रखती है या उन्हें हर समय सटाकर रखती है।

लहराते हुए नितम्ब

चलते समय पेल्विक क्षेत्र को उभारने के लिये नितम्बों में एक उठावदार गोलाई दी जाती है।

ज़्यादा सूक्ष्म नारी प्रणय मुद्राओं में तो कुछ को सदियों से विज्ञापन में इस्तेमाल किया जाता है।

कनखियों से देखना

थोड़ी–सी झुकी हुई पलकों से महिला पुरुष को इतनी देर तक देखती है कि उससे आँखें मिल जायें और फिर वह तत्काल दूसरी तरफ़ देखने लगती है। इससे ताकने और ताके जाने की लुभाने वाली भावना जागती है, जो ज़्यादातर सामान्य पुरुषों को अपनी ओर आकर्षित करने में सक्षम है।

मुँह हल्का खुला, गीले होंठ

डॉ। डेज़मण्ड मॉरिस ने इसे 'आत्म–अनुकृति' कहा है, क्योंकि यह मुद्रा महिला के यौन क्षेत्र का प्रतीक बन जाती है। लार या सौंदर्य प्रसाधनों के उपयोग से होंठ गीले बनाये जा सकते हैं। इन दोनों मुद्राओं देखने से ही यह साफ़ समझ में आता है कि वह महिला प्रणय निमन्त्रण दे रही है।

लिपस्टिक

जब कोई महिला कामुक रूप से उत्तेजित होती है तो उसके होंठ, स्तन और यौनांग बड़े हो जाते हैं और ज़्यादा लाल हो जाते हैं, क्योंकि उनमें खून भर जाता है। लिपस्टिक का प्रयोग हजारों साल पुरानी तकनीक का ही उदाहरण है, जिसके द्वारा कामुक रूप से उत्तेजित महिला के लाल यौनांगों की नकल की जाती है।

बेलनाकार वस्तु को सहलाना

जो महिला सिगरेट, शराब के गिलास की डण्डी, पेंसिल या फिर अँगुली को सहलाती है, तो वह निश्चित रूप से कामुक विचारों वाली होती है।

महिला के पैर गूँथने की मुद्रायें

पुरुष अकसर अपने पैर अलग–अलग रखकर बैठते हैं, जिससे आक्रामक लिंग प्रदर्शन हो सके, जबकि महिलायें अपने नाजुक यौनांग की सुरक्षा के लिये पैर गूँथकर बैठती है। महिलायें प्रणय निवेदन करने के लिये तीन मूलभूत मुद्राएँ प्रयोग में लाती हैं।

एक पैर दूसरे के अंदर दबा हुआ है और घुटने का बिन्दु भी उस आदमी की तरफ़ इशारा कर रहा है, यह महिला को आकर्षक बना रहा है। यह एक बहुत आरामदेह स्थिति है जो चर्चा की औपचारिकता को ख़त्म कर देती है और जाँघों के क्षणिक प्रदर्शन का भी मौक़ा देती है।

जूते को दुलारना भी एक आरामदेह अवस्था सूचित करता है और जूते के अंदर पैर डालने और बाहर निकालने की लैंगिक–कामुक क्रिया को देखकर तो कई पुरुष दीवाने हो जाते हैं।

ज़्यादातर पुरुष इस बात पर सहमत है कि पैर गूँथने की यह मुद्रा महिलाओं की सर्वाधिक आकर्षक मुद्रा है।

यह एक ऐसी मुद्रा है जिसका प्रयोग महिलायें सचेत रूप से किसी पुरुष का ध्यान अपनी ओर आकर्षित करने के लिये करती है। डॉ। शेलने बताते हैं– एक पैर दूसरे पैर को तेज़ी से दबाता है, जिससे हाई मसल टोन दिखती है, जैसा बताया जा चुका है, कि यह मुद्रा सेक्स के पहले शरीर

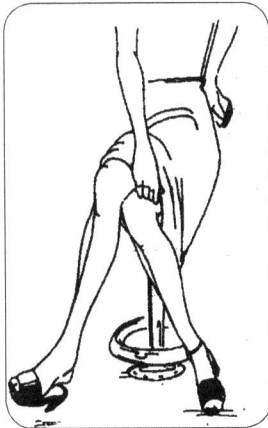

द्वारा की जाने वाली तैयारी का संकेत देती है।

महिलाओं द्वारा प्रयुक्त दूसरे संकेतों में पुरुषों के सामने धीरे–धीरे पैर बाँधना और खोलना भी शामिल है और अपने हाथ से हल्के–हल्के अपनी जाँघों को थपथपाना भी, जिससे छुये जाने की उनकी इच्छा प्रकट होती है। इसके साथ ही ऐसे समय महिला सामान्यतः धीमी आवाज़ में भी बोलती है।

हँसने, मुस्कराने और रोने की दैहिक भाषा

हँसना

⇗ सामान्य रूप से हँसना
⇗ उन्मुक्त रूप से हँसना
⇗ प्रफुल्लित अन्दाज़ में हँसना
⇗ ठहाका लगाकर खुलकर हँसना
⇗ गर्दन आगे करके हँसना
⇗ पथराई आँखों से हँसना
⇗ छलपूर्वक हँसना
⇗ गहरी हँसी

मुस्कराना

⇗ ज़बरदस्ती मुस्कराना
⇗ ग़मगीन मुस्कान
⇗ अपनी प्रशंसा सुनकर मुस्कराना
⇗ गर्दन टेढ़ी करके मुस्कराना
⇗ टकटकी बाँधकर मुस्कराना
⇗ कन्धे झुकाकर मुस्कराना

सामान्य रूप से हँसना

जिस स्त्री–पुरुष की हँसी में न तो अधिकता हो, और न ही धीमापन हो, ऐसी हँसी को 'सामान्य हँसी' कहा जाता है। इस हँसी का उद्देश्य सामने वाले की खुशी के लिये अपनी सहमति या प्रसन्नता प्रकट करना होता है।

ऐसी हँसी प्रायः सभी लोग आसानी से प्रकट कर लेते हैं, इसलिए इस प्रकार की हँसी की सच्चाई को जाँचना हो तो सामने

वाले की आँखों पर ख़ासतौर पर ध्यान देना चाहिए। उसकी आँखों से आपको बड़ी आसानी से पता चल जायेगा कि वह सच में सामान्य हँसी है या बनावटी हँसी।

ठहाका लगाकर खुलकर हँसना

यह बात सौ फ़ीसदी सच है कि अपनों के बीच लोग ठहाका मारकर हँसते हैं। उस समय वे विशेषतौर पर बेहद प्रसन्न होते हैं।

यद्यपि सभी के साथ ऐसा नहीं होता, फिर भी जिन लोगों को अधिकतर ठहाका मारकर और पूरा मुँह खोलकर हँसने की आदत होती है, वे अपने जीवन में प्रायः सभी प्रकार के सुख भोगने वाले और जीवन से सन्तुष्ट होते हैं।

गर्दन आगे करके हँसना

देखा गया है कि ऐसे लोग अपने दुःखों से इतने दुःखी हो जाते हैं कि उन्हें प्रायः हँसने का मौक़ा ही नहीं मिलता और जब हँसने की बारी आती है, तब ये दिखावटी हँसी हँसते हैं।

ये मूक हँसी इस बात की सूचक होती है कि वह तुम्हारी खुशियों में शरीक़ तो हैं परन्तु दुःखी इतने हैं कि उनका इस मौक़े पर हँसने को जी नहीं चाहता। वे केवल साथ देने के लिए ज़बरदस्ती हँस रहे हैं। ऐसे लोग गम्भीर व शालीन होते हैं। अपने दुःखों को ये बड़ी सहजता से छुपा लेते हैं।

पथराई आँखों से हँसना

ऐसे लोग किसी की बात सुनकर अचानक ही हैरान होकर हँस पड़ते हैं। यह हँसी एक लय, एक स्वर लिए होती है।

ऐसे स्त्री–पुरुष प्रायः किसी के लिए बुरे नहीं होते और मन के बहुत साफ़ होते हैं। ऐसे लोग अपने निर्णयों पर अडिग रहते हैं और दूसरों की उनके बुरे वक्त पर हरसम्भव मदद करते हैं। कोई माने या न माने इनकी कही गयी बात सौ फ़ीसदी

सटीक होती हैं। ऐसे स्त्री–पुरुष अपने रख–रखाव पर विशेष ध्यान देते हैं और शालीन प्रवृति के होते हैं।

छलपूर्वक हँसना

ऐसी स्त्री प्रायः पुरुषों के कपड़े पहनना पसंद करती हैं। दूसरों को अपनी ओर आकर्षित करने के लिये ये अपनी भावभंगिमाओं का भरपूर प्रदर्शन करती हैं।

ऐसी प्रवृति प्रायः वेश्याओं में, कामुक स्त्रियों में अधिक पायी जाती हैं। इस प्रकार की स्त्री किसी की दोस्ती के काबिल नहीं होती और अपने दोस्तों का नुक़सान ही करती है।

गहरी हँसी

ऐसे लोगों का चरित्र इस प्रकार का होता कि हाथी के दाँत खाने के और व दिखाने के और होते हैं। ये कब, कहाँ, किसको डस लें कुछ पता नहीं चलता। ऐसे मुस्कराहट के मालिक अधिकतर गुप्तचर संस्थानों में, अनैतिक कार्य व्यवहार करने वाली वेश्याएँ और ऊँचे पदासीन अधिकारियों की स्त्रियाँ, नर्तकियाँ व अभिनेत्रियाँ होती हैं।

ये अपने प्रेमी को भी डंक मारने से नहीं चूकतीं। ये इतनी लालची होती हैं कि अपने स्वार्थ के लिए किसी भी हद तक गिर सकती हैं। ऐसी हँसी हँसने वाले पुरुष प्रायः भ्रष्ट अधिकारी होते हैं और रिश्वत लेकर अपनी जेबें भरते रहते हैं।

ज़बरदस्ती मुस्कराना

यहाँ दिखायें गये चित्र में स्त्री के होंठ तो मुस्कराते दिखायी दे रहे हैं, जबकि आँखों में किसी और क़िस्म के भाव हैं। कहने का तात्पर्य यह है कि इस स्त्री की आँखें हँसी में इसका साथ नहीं दे रही है। लिहाज़ा यह स्त्री ज़बरदस्ती मुस्करा रही है।

ऐसे लोग अपनी भावनाओं को छुपाने का भरसक प्रयास तो करते हैं, लेकिन कामयाब नहीं हो पाते। लोगों की तेज़ निगाहें इनके चेहरे के भाव को पढ़ लेती हैं।

ग़मगीन मुस्कान

यहाँ दिखाया गया चित्र एक स्त्री का है, जिसके चेहरे पर ग़महीन मुस्कान उभरी हुई है। इस आधार पर कहा जा सकता है कि यह एक लाचार स्त्री की बेबस मुस्कान है, जो भीतर–ही–भीतर बहुत दुःखी है, लेकिन अपना दुःख प्रदर्षित करने में नाकाम है।

ऐसे लोग कभी खुलकर नहीं मुस्करा सकते, क्योंकि इनकी आँखें और चेहरा इनके भीतर के मनोस्थिति को छिपा सकने में असफल रहते हैं। ऐसे लोग अपने जीवन में समझौते–पर –समझौता करते रहते हैं।

अपनी प्रशंसा सुनकर मुस्कराना

दिखाये गये चित्र में स्त्री इस समय ऐसी मुद्रा में है कि लोग उसकी तारीफ़ के पुल बाँध रहे हैं और यह अपनी आंतरिक प्रसन्नता को प्रदर्शित नहीं करना चाहती, इसलिए केवल मुस्कराकर अपनी भावनाओं की अभिव्यक्ति कर रही है।

ऐसे लोग आत्मा से सुन्दर होते हैं और जहाँ तक सम्भव हो दूसरों की सहायता करते हैं।

गर्दन टेढ़ी करके मुस्कराना

ऐसे लोग बातचीत की कला में माहिर होते हैं। दूसरे से बात करते समय ये ऐसा दर्शाते हैं मानो कि ये उनकी एक–एक बात को बड़े ध्यान से सुन रहे हैं, जबकि वास्तव में ऐसा नहीं होता।

ऐसे लोग उस माहौल को टालने की कोशिश करते हैं और अपनी ओर से बात को छोटा करके समाप्त कर देते हैं। ऐसे लोग बनावटी व्यस्तता का प्रदर्शन करते हैं। लेकिन इनमें एक ख़ास बात यह होती है कि ये किसी को आहत नहीं करते।

टकटकी बाँधकर मुस्कराना

जो लोग टकटकी बाँधकर देखते हैं व मुस्कराते हैं तो इसका मतलब यह होता है कि वे अपने अंतर्द्वंद से लड़ रहे हैं।

इन्हें देखने वाला यही समझता है कि सुनने वाला यथार्थ का आनन्द ले रहा है, जबकि वास्तव में सुनने वाला जो टकटकी बाँधकर देख व हँस रहा है। वह कहने वाले की मूर्खता पर हँस रहा है। उसके हँसने का प्रयास इस प्रकार का होता है कि सामने वाले से उसकी हँसी यह कह रही हो मानो ज़्यादा गप्पें मारना अच्छा नहीं होता, इसलिए चुप हो जाओ।

कन्धे झुकाकर मुस्कराना

कन्धे झुकाकर मुस्कराने वाले लोग बहुत अधिक चतुर व चालाक होते हैं। दूसरों के मन की बातें ये झट से जान लेते हैं। फिर ये उसके मन की बात को उगलवाकर खुश होते हैं।

इस प्रकार के स्त्री–पुरुष प्रायः बहुत उन्नति करते हैं और दूसरों के सामने अपने–आपको लापरवाह दर्शाते हैं। अपने मिलने–जुलने वाले लोगों की कमज़ोरियाँ जानकर ये उनका भरपूर फ़ायदा उठाते हैं।

रोने की मुद्राएँ

चाहे खुशी हो या ग़म, आँखों में आँसू दोनों परिस्थितियों में आ ही जाते हैं। जब भावनाएँ अपने सारे बाँध तोड़ देती है, तब आँसुओं को बहने से कोई नहीं रोक सकता। ऐसे हालात में मुँह से कुछ बोलकर अपने भावों की अभिव्यक्ति करना मुश्किल हो जाता है और आँखों से बरसते आँसू आपके दिल की बात कह देती है।

कहा जाता है कि आँखें मन का दर्पण होती हैं। लाख छिपाने पर भी ये सब कुछ बयाँ कर देती हैं। इनसे ज़्यादा समय तक सच्चाई को छिपाया नहीं जा सकता। ये किसी के भी मन का राज़ तुरन्त खोल देती है।

आँसू ग़म के हैं या खुशी के, यह सब रोने की मुद्राओं से साफ जाना जा सकता है।

रोने की मुद्राओं के प्रकार निम्नलिखित हैं–

- ◊ आँखें छुपाकर रोना
- ◊ अपना चेहरा दीवार या अन्य किसी चीज़ से सटाकर रोना
- ◊ आँखें मल–मलकर रोना
- ◊ मुँह ढक कर रोना
- ◊ सचमुच रोते हुए आदमी की मुद्रा
- ◊ रोने का दिखावा करते हुए आदमी की मुद्रा
- ◊ विलाप करते हुए रोना

आँखें छुपाकर रोना

जो लोग अपनी आँखें छिपाकर रोते हैं, उनके मन के भीतर कुछ और, तथा बाहर कुछ और होता है। इनकी रोने की सच्चाई जानने के लिये आप ग़ौर से इनके चेहरे को देखिये, आपको इनका चेहरा पल–पल रंग बदलता हुआ दिखायी देगा।

ये कब रोते हैं और कब चुप हो जाते हैं, पता ही नहीं चलता। इस बात का भी आप ध्यान रखिये कि ज़्यादातर लोग रोते समय ऐसी ही मुद्रा बनाते हैं।

अपना चेहरा दीवार या अन्य किसी चीज़ से सटाकर रोना

अपना चेहरा दीवार, खम्भा या किसी अन्य सहारे से सटाकर रोने वाले लोग दो प्रकार के होते हैं। पहले—वो जो सभी लोगों के सामने ऐसा करते हैं और दूसरे—वे लोग जो एकान्त में ऐसा करते हैं।

यहाँ आप एक बात विशेष रूप से ध्यान रखिये कि पहले प्रकार के लोग प्रायः अपनी भावनाओं को लोगों से छुपाने के लिये ऐसा करते हैं, जबकि दूसरे प्रकार के लोग ग़म से इतना बोझिल हो जाते हैं कि वे अकेले में रोकर अपनी भावनाओं को अभिव्यक्त करते हैं। देखा गया है कि कई बार पहले प्रकार का रोना दिखावे के लिये जबकि दूसरे प्रकार के लोग वास्तव में रोते हैं।

आँखें मल-मलकर रोना

आँखें मल—मलकर प्रायः बच्चे रोते हैं। जब उनकी मनचाही चीज़ उनके माता—पिता नहीं दिला पाते या फिर वे उस पर हाथ उठा देते हैं, तब बच्चे इसी अन्दाज़ में रोते हैं।

इस प्रकार से रोते हुए बच्चों को उनकी मनचाही चीज़ या सांत्वना देकर चुप कराया जा सकता है।

मुँह ढाँप कर रोना

बॉडी लैंग्वेज़ के अनुसार किसी भी व्यक्ति का चेहरा उसकी शारीरिक भाषा जानने का आसान तरीक़ा है।

इस प्रकार जो लोग रोते समय अपना मुँह ढाँप लेते हैं, वे लोग अपने भीतर की भावनाओं को चेहरे पर प्रकट नहीं करना चाहते, इसलिए वे अपना चेहरा ढाँप लेते हैं।

ऐसे लोग कब किस बात को लेकर नाराज़ हो जायें, पता ही नहीं चलता। काफी मान—मनुहार के बाद ही ये अपनी नाराज़गी का कारण बताते हैं। ऐसे लोग चाहे वे स्त्री हो या पुरुष अपनी भावनाओं की अभिव्यक्ति करने में प्रायः असमर्थ होते हैं।

सचमुच रोते हुए आदमी की मुद्रा

इस चित्र को ध्यान से देखने पर आपको पता चलेगा कि चित्र में आँखों से आँसू तो गिरते दिखायी दे रहे हैं, लेकिन आँखे कुछ और ही बयाँ कर रही हैं। यह वास्तविक रूप से दुःखी व्यक्ति की आँखें हैं, जो भीतर–ही–भीतर अपने ग़म पीने की कोशिश कर रहा है, परन्तु अपने आँसू अपनी लाख कोशिशों के बावजूद भी रोक नहीं पा रहा है। इसलिए इसने अपने होंठ सख्ती से बन्द किये हुए हैं।

रोने का दिखावा करते हुए आदमी की मुद्रा

प्रस्तुत चित्र में दिखायी देने वाले व्यक्ति के चेहरे की भाषा उसके आँसुओं से ज़रा भी मेल नहीं खाती। ऐसा जान पड़ रहा है कि यह व्यक्ति अपने चेहरे पर विवशता के भाव लाकर सबकी सहानुभूति लूटना चाहता है। इनके भावों की ख़ास बात यह होती है कि इनके चेहरे पर लगातार एक से ही भाव रहते हैं।

विलाप करते हुए रोना

जिस स्त्री या पुरुष को ज़बरदस्त मानसिक आघात पहुँचता है, वह अपनी भावनाओं पर क़ाबू नहीं रखता और विलाप करने लगता है।

ऐसा विलाप व्यक्ति उस वक़्त करता है, जब उसके किसी प्रियजन का देहान्त हो गया हो।

झूठ के रूप अनेक

प्रिय पाठकों! बॉडी लैंग्वेज़ के आधार पर झूठ को पकड़ने के लिये झूठ के मर्म को गम्भीरता से समझना बेहद ज़रूरी है। झूठ के कई भेद हैं। ज़रूरत के अनुसार झूठ के इन भेदों को समझना और निर्णय लेना ही झूठ को पकड़ना या अपने व्यवसाय में झूठ का सफलतापूर्वक प्रयोग करना है। हमारे समाज में तीन प्रकार के झूठ देखे जा सकते हैं। तीनों की अपनी–अपनी विशेषताएँ और प्रयोग करने के तरीक़े हैं। ये झूठ इस प्रकार हैं–

- सुनियोजित झूठ
- आदतन झूठ
- व्यावसायिक झूठ

तीनों झूठों के सन्दर्भ में एक बात समान है कि उनका व्यवहारिक अर्थ धोखा देना है। लेकिन कोई भी अपने साफ शब्दों में यह नहीं कहेगा कि वह झूठ बोल रहा है। एक आम आदमी के लिये शायद ऐसा करना सम्भव भी नहीं है, क्योंकि यदि उसे यही करना होता है, तो वह झूठ का सहारा की क्यों लेता? अतः हमारे सामने एक ही विकल्प रहता है, जिसके उपयोग से हम झूठ को पकड़ सकते हैं। यह उपाय है–अशाब्दिक भाषा। बॉडी लैंग्वेज़ के द्वारा हम आसानी से इनके झूठ का कच्चा–चिट्ठा खोल सकते हैं। कैसे? आइये जानते हैं–

सुनियोजित झूठ

जो झूठ पूरी तरह से योजना बनाकर बोला जाता है, उसे सुनियोजित झूठ कहा जाता है। उदाहरण के लिये एक आदमी को शाम को कई ज़रूरी कार्य करने हैं। इसके लिये उसे अपने ऑफ़िस से कुछ घण्टे पहले निकलना ज़रूरी है। इसीलिए वह ऑफ़िस में कोई न कोई झूठ बोलकर ऑफिस से कुछ घंटे पहले निकल जाता है। यह सुनियोजित झूठ है, क्योंकि आपने पहले ही सब कुछ तय कर लिया है।

हमारे जीवन में ऐसे बहुत से अवसर आते हैं, जब हमें सुनियोजित झूठ का सहारा लेना पड़ता है। लेकिन कुछ अवसर वे भी हो सकते हैं, जबकि हमे सुनियोजित झूठ को पकड़ने की आवश्यकता हो। सुनियोजित झूठ बोलने वालों के चेहरे और हाथों पर विशेष ध्यान देना चाहिए। आप इनकी आँखों में झाँकने की

कोशिश करें। आप पायेंगे कि वे आपसे नज़रें मिलाने से बचने का प्रयास कर रहे हैं। इसी प्रकार आप उनकी अँगुलियों पर भी ध्यान दें–अकसर वे टेबल को अपने नाखूनों से कुरेदने का भी प्रयास करते हैं।

सुनियोजित झूठ बोलने के लिये कुछ लोग पहले से तैयारी करते हैं। कई तरह से स्वयं को प्रशिक्षित भी करते हैं, इसलिए इनके झूठ की पहचान के लिये बॉडी लैंग्वेज़ के बारे में गहराई से जानकारी होनी चाहिए। साधारणतया ये लोग अपनी भाव भंगिमा में किसी तरह का परिवर्तन नहीं दिखाने का प्रयास करते हैं और प्रायः इस कार्य में सफल भी होते हैं। यह सब उनकी बॉडी लैंग्वेज़ में निपुणता को इंगित करता है। इसके बावजूद ऐसा नहीं है कि इनके झूठ को पकड़ा न जा सके, क्योंकि व्यक्ति कहीं न कहीं तो ग़लती ज़रूर करता है और यही ग़लती उनकी साज़िश की परतों का पर्दाफाश कर सकती है।

सुनियोजित झूठ कितनी ही सफ़ाई से क्यों न बोला जाये, व्यक्ति की आँखों की पुतलियाँ हमेशा अस्थिर ही रहेंगी, जो झूठ को पकड़ने में सहायक होगी। ये लोग अपनी बात को जल्दबाज़ी में भी समझाने का प्रयास करेंगे। आप पायेंगे कि अकसर ये लोग आपकी बात की उपेक्षा करते हैं और अपनी बात को दोहराते रहते हैं। इनका इस तथ्य पर पूरा विश्वास होता है कि किसी झूठ को दोहराने से झूठ सहज और सच लगने लगता है।

आदतन झूठ

अगर आप अपने आस–पास ज़रा ग़ौर से देखेंगे, तो आपको ऐसे कई लोग दिखायी दे जायेंगे, जो आदतन झूठे होते हैं। एक नजरिये से आप इन्हें मानसिक रोगी भी कह सकते हैं। इन्हें बस झूठ बोलना है, क्योंकि वे इस तरह की आदत से लाचार हैं। यह आदत उसी प्रकार की होती है, जिस प्रकार कोई व्यक्ति शराब, धूम्रपान या पान–मसाले का आदी हो।

यदि आप समाज में पूरी तरह घुलमिल कर रहते हैं, तो अवश्य ही मुहल्ले के ख़बरीलाल से परिचित होंगे। ख़बरीलाल की उपाधि उस व्यक्ति को मिलती है, जो मुहल्ले की आवश्यक और अनावश्यक जानकारी तथा सभी तरह की घटनाओं को, चाहे वे घटी हों या न घटी हों, दूसरों तक जरूर पहुँचाता है। मैंने यहाँ ख़बरीलाल की चर्चा इसलिए की है, क्योंकि अकसर ये लोग आदतन झूठे होते हैं। झूठ बोलना इनकी फ़ितरत में शुमार होता है।

आदतन झूठ को पकड़ना कमोबेश आसान है। कम से कम व्यावसायिक और सुनियोजित झूठ बोलने वालों की तुलना में यह सहज ही है। फिर भी कुछ झूठे लोग आदतन चालाक हो सकते हैं, जिनके झूठ को पकड़ने के लिये बॉडी लैंग्वेज़ की कुछ विशेष चेष्टाओं को ध्यान में रखना होता है।

आदतन झूठ बोलने वाले अकसर अस्थिर स्वभाव के होते हैं। बातों को चटखारे लेकर सुनाते हैं और यही इनकी मुख्य पहचान भी है। झूठ बोलते समय शरीर को स्थिर रख पाना इनके लिये असम्भव होता है। आदतन झूठे लोग झूठ को केवल मनोरंजन के लिये बोलते हैं। ये झूठ बोलने के दौरान शायद ही अपना कोई हित सोचते हों। इनके झूठ को पकड़ने के कुछ तरीक़ों पर एक नज़र डालते हैं–

इनकी बातों की शुरुआत हमेशा दूसरे के परिवार, व्यवसाय या चरित्र को लेकर होती है।

कई बार ये मूल विषय को छोड़कर इधर–उधर की बातें करने लगते हैं।

बातचीत के दौरान अकसर हाथों को नचाते हैं।

बहुत ग़ौर से देखने पर आप पायेंगे कि इनके चेहरे पर भावों का अभाव होता है। आप यह भी कह सकते हैं कि सभी तरह के झूठ बोलने के दौरान ये लगभग समान भाव रखते हैं। यह एक महत्त्वपूर्ण तथ्य है। पाठकों को इस सम्बन्ध में गहराई से विचार करना चाहिए। क्योंकि यदि इनके चेहरे के भावों को भली प्रकार से पढ़ लिया जाये तो इनके झूठ को सहजे में पकड़ा जा सकता है। चेहरे के भावों को पढ़ने के लिये यह आवश्यक है कि आप खुद नये–नये अनुभव प्राप्त करें।

आदतन झूठे व्यक्ति विफल रहें, इसकी बहुत अधिक संभावना होती है।

जो व्यक्ति अपने आर्थिक स्तर के ऊपर की बात करता है, वह प्रायः झूठ बोलता है। आदतन झूठे व्यक्ति सदैव अपनी क्षमता से बढ़कर बात करेंगे।

व्यावसायिक झूठ

व्यावसायिक झूठ को काफ़ी कुछ समाजिक मान्यता प्राप्त है। एक अच्छा–ख़ासा तबका यह स्वीकार करता है कि व्यवसाय में झूठ का अपना अलग महत्त्व है। इन लोगों का तो यहाँ तक कहना है कि झूठ का सहारा लिये बिना कोई व्यापार अच्छी तरह से चलाना कतई सम्भव नहीं है। शायद समाज में इन्हीं मान्यताओं के कारण झूठ और व्यवसाय को एक–दूसरे का पूरक मान लिया गया है।

हालाँकि किसी भी व्यवसाय में झूठ का वजूद प्राकृतिक रूप से नहीं होता, लेकिन अब ऐसा लगता है कि व्यवसाय में झूठ का सहारा लेना कोई पाप नहीं है। यहाँ यह भी कहा जा सकता है कि यह एक धर्मयुद्ध है और इसमें धर्म की स्थापना के लिये ही अधर्म का सहारा लिया जाता है। खैर! हमारा उद्देश्य है–व्यवसायी द्वारा बोले जाने वाले झूठों का पता लगाना और स्वयं को अनुचित व्यवहार से बचाना है।

व्यावसायिक झूठ की आवश्यकता

जब हम यह स्वीकार करते हैं कि व्यवसाय में झूठ का अपना अलग महत्त्व है, तो हमें यह भी अच्छी तरह समझ लेना चाहिए कि वास्तव में व्यवसाय में वे कौन–सी आवश्यकताएँ है, जो झूठ को आवश्यक बनाती हैं।

व्यवसाय का अर्थ है–स्वतन्त्र रहकर आजीविका चलाना। इसके लिये यह आवश्यक है कि हम किसी वस्तु विशेष का निर्माण करके बेचें या किसी निर्मित चल या अचल वस्तु का लेन–देन करें। हम जो भी करें, इसके लिए हमें अपनी बातें दूसरों को लगातार समझनी पड़ती हैं। अपनी चीज़ के प्रचार–प्रसार के लिये अनेक तरीक़े अपनाने होते हैं। कल्पना कीजिये, आप ज़मीन की ख़रीद–फ़रोख्त का काम करते हैं, आप भवन–निर्माण के ठेकेदार हैं या कोई दुकानदार हैं। आप चाहे जिस व्यवसाय से सम्बन्धित हों, आपको ये तरीक़े अपनाने होंगे। यह अलग तथ्य है कि कुछ लोग इन तरीक़ों को हथकण्डा कह सकते हैं और कुछ व्यावसायिक चातुर्य। सबकी अपनी–अपनी सोच और नज़रिया है, लेकिन आपको ये तरीक़े काम में लेने के लिये बॉडी लैंग्वेज़ और झूठ के बीच तालमेल बैठाना होता है। समय के साथ बॉडी लैंग्वेज़ और झूठ व्यवसाय की आवश्यकता बन गये हैं।

व्यावसायिक झूठ को कैसे पहचानें

यह ज़रा मुश्किल काम है, क्योंकि व्यावसायिक झूठ बोलने वाले अपने काम में सिद्धहस्त होते हैं। इनके पास अपने कार्य का लम्बा अनुभव हो सकता है। साथ ही साथ ये लगातार एक जैसा झूठ बोलने के कारण अपने काम में महारत हासिल कर लेते हैं। इसके बावजूद ऐसा नहीं है कि व्यावसायिक झूठ की पहचान न हो सके। कुछ परेशानियों के बाद आप व्यावसायिक झूठ को पहचान लेने में काफ़ी हद तक सक्षम हो सकते हैं।

जब कोई व्यवसायी अपनी बात पर बार–बार वज़न डालने का प्रयास करे, अर्थात् अपनी बात को तुरन्त दोहरा दे, तो आपको समझना चाहिए कि वह आपसे अनुचित लाभ लेने का प्रयास कर रहा है।

जब व्यवसायी अपनी बात को समाप्त करने से पहले ही अपनी तर्जनी अँगुली से चेहरे का कोई हिस्सा खुजलाये या मसले तो यह उसके झूठा होने के संकेत हो सकता है।

व्यावसायिक झूठ के सन्दर्भ में आपको दूसरों की बॉडी लैंग्वेज़ पर बहुत ग़ौर से ध्यान देना पड़ता है, जब आप किसी व्यवसायी से फील्ड में बात करते हैं। ऐसा अकसर तब होता है, जब आप अपनी मीटिंग किसी खुले रेस्टोरेंट में रखें या किसी प्रॉपर्टी डीलर से लोकेशन पर बात कर रहे हों। ऐसी स्थिति में आप कुछ आवश्यक बातों पर ध्यान दें। साथ ही यह भी जानकारी रखें कि फील्ड में झूठ की पहचान करना मुश्किल नहीं है।

ऐसी स्थिति में आप उससे बातें करते समय उसकी आँखों में झाँकें। यदि वह बात समाप्त करने के बाद इधर–उधर देखे तो समझें कि वह निश्चित रूप से झूठ बोल रहा है।

व्यवसायी हमेशा अवसर और समय के साथ अपने झूठ बोलने के तरीक़े में परिवर्तन कर लेता है। अपने से निम्न व्यक्ति से झूठ बोलने का उसका तरीक़ा हमेशा आक्रामक होगा। वहीं स्वयं से उच्च आय वर्ग के व्यक्ति से वह हमेशा रक्षात्मक तरीके से झूठ बोलेगा। व्यवसायी की भाषा पर लगातार ध्यान देने और कुछ अनुभव के बाद उसके झूठ की पहचान की जा सकती है।

सफल झूठ कैसे बोलें

यदि आप सरकारी नौकरी में हैं, तो आपके लिये सच्चाई और ईमानदारी को जीवन के सिद्धान्तों और आदर्शों के रूप में अपनाना आवश्यक हो सकता है। लेकिन यदि आप व्यवसायी अर्थात् उद्योगपति, दुकानदार, मार्केटिंग एग्ज़ीक्यूटिव या कोई स्वतन्त्र कार्य करते हैं, तो सत्य को ताक पर रखने के अलावा आपके पास दूसरा कोई रास्ता नहीं है। यहाँ ईमानदारी और सत्य के रास्ते पर चलने से आपका दिवाला निकल सकता है। यही नहीं, समाज आपको विफल, दुर्भाग्यशाली और निकम्मा जैसे उपाधियों से अलंकृत भी कर सकता है। यहाँ आपके सत्य बोलने का कोई मूल्य नहीं है, बल्कि आपका झूठ ही आपको समाज और परिवार में प्रतिष्ठित कर सकता है। यदि आप स्वतन्त्र आजीविका कमाते हैं, तो आपको निम्नलिखित बातों पर ध्यान रखना चाहिए। इससे सम्भव है कि आपको कुछ फ़ायदा हो–

- ♻ अपने झूठ पर कायम रहें। उसे बार–बार बोलें। इसका बड़ा चमत्कारी प्रभाव है। बार–बार बोला गया झूठ आखिरकार सत्य में परिवर्तित हो जाता है। बहुराष्ट्रीय कम्पनियाँ हमेशा इसी सिद्धान्त पर चलती हैं।

- ♻ झूठ को हमेशा शान्त चित्त से समझाएँ। अपनी बात को सही ठहराने के लिए उदाहरण दें। मीठा बोलें। झूठ बोलने के दौरान अपने से निम्न व्यक्ति को भी सम्मानजनक शब्दों से सम्बोधित करें।

- ♻ हमेशा याद रखें कि आपके निजी जीवन पर दूसरों का कोई असर नहीं होगा। अतः निजी जीवन में चाहे आप कुछ भी करें, लेकिन सार्वजनिक

जीवन में अपनी छवि को हमेशा उज्जवल और आदर्शवादी बनाये रखें।

- झूठ बोलते समय शरीर को शान्त रखें। झूठ और दूसरी बातों के मध्य आवाज़ और बोलने का लहजा नहीं बदलना चाहिए। इसके विपरीत आपका झूठ पकड़ा भी जा सकता है। उदाहरण के लिये यदि आप झूठ बोलते समय अपनी आवाज़ को कुछ धीमा करते हैं, तो इस बात की पूरी संभावना है कि आपका झूठ पहचान लिया जाये। इसलिए झूठ उसी लहजे में बोलें, जिसमें आपने अपनी बातों को शुरू किया है।
- झूठ बोलते समय नज़रें न झुकायें। कभी आत्मग्लानि भी महसूस न करें, क्योंकि झूठ बोलना आपके व्यवसाय का एक ज़रूरी पक्ष है। व्यवसाय में सफलतापूर्वक झुठ बोलना भी एक कला है।

निर्जीव वस्तुओं से सम्बन्धित दैहिक भाषा

सिगरेट पीना स्वास्थ्य के लिये हानिकारक है, ये बात सभी सिगरेट पीने वाले जानते हैं, फिर भी वे सिगरेट पीते हैं।

चूँकि हमारा विषय सिगरेट पीने वालों के सिगरेट पीने के अन्दाज़ से उनकी बॉडी लैंग्वज़ को जानना है, इसलिए हम यहाँ कुछ उदाहरण प्रस्तुत करेंगे, जिनके आधार पर आप सिगरेट पीने वाले की मानसिकता को काफ़ी हद तक जान सकते हैं। आइये जानते कि सिगरेट पीने वाले किस–किस अन्दाज़ में सिगरेट पीते हैं।

- ᐅ मध्यमा और तर्जनी अँगुली से पकड़कर सिगरेट पीना
- ᐅ मध्यमा और तर्जनी अँगुली के अन्तिम पोर से पकड़कर सिगरेट पीना
- ᐅ अँगूठे और तर्जनी अँगुली से पकड़कर सिगरेट पीना
- ᐅ कनिष्ठा अँगुली में दबाकर सिगरेट पीना
- ᐅ बाँसुरी की तरह सिगरेट पीना
- ᐅ अँगुलियों के आख़िरी सिरे में सिगरेट को फँसाकर पीना

मध्यमा और तर्जनी अँगुली से पकड़कर सिगरेट पीना

जो लोग सिगरेट को मध्यमा और तर्जनी अँगुलियों के बीच फँसाकर पीते हैं, ऐसे लोग तीव्र बुद्धि वाले तथा बातचीत की कला में निपुण होते हैं। ऐसे लोग प्रायः हर समस्या का समाधान चुटकियों में निकाल लेते हैं।

ऐसे लोग योजनाएँ बनाने में माहिर होते हैं और इनकी ज़्यादातर योजनाएँ सफल भी होती हैं। अपने जीवन में ये प्रायः सभी भौतिक सुखों का लाभ उठाते हैं। ऐसे लोगों को हार बरदाश्त नहीं होती, इसलिए स्वयं को जीतने के लिये ये प्रायः साम, दाम, दण्ड और भेद की नीति का इस्तेमाल करने से पीछे नहीं हटते। इनके तर्क बड़े सटीक होते हैं, इसलिए लोग इनकी तार्किक शक्ति का लोहा मानते हैं।

मध्यमा और तर्जनी अँगुली के अन्तिम पोर से पकड़कर सिगरेट पीना

दिखाये गये चित्र के अनुसार जो लोग सिगरेट पीते हैं, वे किसी भी परिस्थिति में खुद को आसानी से ढाल लेते हैं। ऐसे लोग दूर की सोचते हैं और भविष्य की योजनाएँ बनाकर जीवन के सफ़र में आगे बढ़ते हैं। इन्हें दूसरों को सलाह–मशवरा देना बेहद भाता है। ऐसे लोग अपनी बातचीत से सभी का मन मोह लेते हैं।

सिगरेट पीते समय ये सिगरेट का धुआँ ऊपर की ओर छोड़ते हैं, जो कि इस बात का परिचायक होता है कि ऐसे लोगों में आत्मविश्वास कूट–कूटकर भरा होता है। ऐसे लोगों से मित्रता करना फ़ायदेमन्द रहता है, क्योंकि ऐसे लोग ही आपके बुरे वक्त में आपकी सहायता करने के लिए आगे आते हैं।

अँगूठे और तर्जनी अँगुली से पकड़कर सिगरेट पीना

जो लोग अँगूठे और तर्जनी अँगुली के बीच में सिगरेट फँसाकर पीते हैं, ऐसे लोग दो प्रकार के होते हैं। पहले प्रकार के लोग शारीरिक श्रम करने वाले अर्थात्

बोझा ढोने वाले, खुदाई करने वाले, कुली, मजदूर तथा मिस्त्री होते हैं।

और दूसरे प्रकार के लोग धीर–गम्भीर प्रवृति वाले होते हैं। ऐसे लोग धैर्यहीन होते हैं। संयम की इनमें ज़रूरत से ज़्यादा कमी होती है। ये कोई भी काम बड़े उत्साह से शुरू करते हैं, लेकिन बाद में संयम की कमी के कारण उसे बीच में ही अधूरा छोड़ देते हैं। वैसे देखा गया है कि इस अन्दाज़ में सिगरेट पीने वाले लोग स्वभाव के चतुर, क्रोधी, व्यसनी तथा मनोरंजन के शौक़ीन होते हैं। अपने जीवन में ये ख़ास सफलता नहीं प्राप्त कर पाते।

कनिष्ठा अँगुली में दबाकर सिगरेट पीना

जो लोग सिगरेट को कनिष्ठा अँगुली में दबाकर पीते हैं, ऐसे लोग बहुत ज़्यादा आत्मविश्वासी और संवदेनशील होते हैं। ये योजनाएँ बनाने में माहिर भी होते हैं और अपने आत्मविश्वास के कारण उन्हें अंजाम भी दे डालते हैं।

अच्छे प्रोफ़ेसर, इंजीनियर, आर्किटैक्ट, अच्छे शायर तथा चतुर व्यापारी प्रायः इसी अंदाज़ से सिगरेट पीते हैं। देखा गया है कि ऐसे लोग विपरीत लिंग के प्रति बेहद जल्द आकर्षित हो जाते हैं।

बाँसुरी की तरह सिगरेट पीना

ऐसे लोग झूठ बोलने में माहिर होते है। इनका झूठ सभी की पकड़ में नहीं आता। गहरे–गहरे साँस लेकर सिगरेट पीना इनकी आंतरिक ह्रदय की पीड़ा को दर्शाता है कि अपने पारिवारिक जीवन से ये लोग कभी सन्तुष्ट नहीं रहते।

अपनी ज़िम्मेदारियों का बोझ उठाते–उठाते ये कई लोगों के क़र्ज़दार भी हो जाते हैं। और अपना क़र्ज़ ये उम्र भर नहीं चुका पाते। चूँकि ऐसे लोग रातों–रातों अमीर बनना चाहते हैं, इसलिए ये दूसरों को धोखा देने से बाज नहीं आते। देखा

गया है कि प्रायः वकील, टूटे हुए जुआरी, बिगड़े सट्टेबाज़ और शेयर बाज़ार में अपना पैसा गंवाने वाले लोग भी इसी श्रेणी में आते हैं। ऐसे लोगो से आपको सदा बचकर रहना चाहिए।

अँगुलियों के आख़िरी सिरे में सिगरेट को फँसाकर पीना

इस अन्दाज़ से सिगरेट पीने वाले लोग स्वच्छंद, दृढ़निश्चयी और तरह–तरह की योजनाएँ बनाने वाले होते हैं और अपनी योजनाओं से उन्नति भी करते हैं। चूँकि इनका स्वभाव भावुक क़िस्म का होता है, इसलिए कई बार ये भावुकता की वजह से अपने बात पर अडिग नहीं रह पाते।

इनकी अपने परिवार से ज़रा भी नहीं बनती। इसी वजह से ये अकसर दुःखी रहते हैं। देखा गया है कि ये अपनी धुन के पक्के होते हैं, इसी वजह से कोई इन्हें डिगा नहीं सकता। ये दूरगामी परिणामों को बहुत जल्द पहचान लेते हैं, परन्तु इनकी यह आदत एक समय में जाकर इतनी बुरी हो जाती है कि ये आज का कार्य कल पर टालने लगते हैं और टालमटोल के नतीजे तो सदैव दुःखद ही होते हैं। ऐसे लोग मन के भावुक होते हैं। इसी वजह से ये दूसरे को दुःखी देखकर अपना सर्वस्व न्यौछावर कर बैठते हैं। सामाजिक जीवन में इनकी बहुत प्रतिष्ठा होती है।

सिगार पीने वाले लोग

अपने आकार और मंहगी क़ीमत के कारण समाज में सिगार को हमेशा श्रेष्ठता प्रदर्शित करने के लिये प्रयुक्त किया जाता है। बड़े व्यावसायिक एग्ज़ीक्यूटिव्ज़,

गैंग लीडर आदि ऊँचे पदों पर आसीन लोग प्रायः सिगार पीते हैं। इसके अलावा किसी फंक्शन में या जश्न मनाने जैसे मौक़ों पर भी लोगों को सिगार पीते देखा जा सकता है। यहाँ एक बात विशेष रूप से ध्यान में रखने वाली है कि जो लोग सिगार का धुआँ आसमान की ओर छोड़ते हैं, वे आत्मविश्वासी और जो धुआँ नीचे की ओर छोड़ते है, वे निराशावादी होते हैं।

पाइप पीने वाले लोग

पाइप पीने वाले लोग जब तनाव में होते हैं तो वे अपने पाइप को साफ़ करने, जलाने, थपथपाने, भरने, पैक और पफ करने जैसे काम करते हैं और यह तनाव कम करने का बहुत उपयोगी तरीक़ा है। विक्रय शोध से यह पता चलता है कि पाइप पीने वाले, सिगरेट पीने वालों या धूम्रपान न करने वालों की तुलना में कोई भी सामान ख़रीदने का फैसला ज़्यादा समय में लेते हैं और बहुधा विक्रय साक्षात्कार के तनाव भरे क्षणों के दौरान वे पाइप से छेड़खानी भी करते हैं। ऐसा लगता है कि पाइप पीने वाले लोगों की प्रकृति खुद को निर्णय लेने से रोकने की होती है और वे एक आसान और सामाजिक रूप से स्वीकृत तरीक़े से आपको समय देते हैं। अगर आप किसी पाइप पीने वाले से तत्काल फैसला लेना चाहें, तो इंटरव्यू के पहले उसके पाइप को कहीं छुपा दें।

चश्मे को बार-बार उतारना

आपने देखा होगा कि बातचीत के दौरान कुछ लोग चश्मा बार–बार उतारते और पहनते हैं। यह संकेत इस बात का प्रतीक है कि वह आदमी आपकी बातचीत में गहरी रुचि ले रहा है। आप इस स्थिति का लाभ उठा सकते हैं। अपनी कार्य योजना को विस्तार से व्यक्त कर सकते हैं। अपनी पोजीशन के बारे में सलाह ले सकते हैं, क्योंकि काफ़ी कुछ आपके हित में होने की संभावना रहती है।

चश्मा उतारकर पहनना

जब कोई व्यक्ति बातचीत के आरम्भ में चश्मा उतार दे और बातचीत के दौरान चश्मा पहने तो यह समझना चाहिए कि वह बात को ख़त्म करने की मंशा रखता है। यदि आपको मीटिंग जारी रखनी है तो इस स्थिति में तुरन्त कोई आकर्षक योजना प्रस्तुत करना चाहिए। यदि आप अब तक की बातों के परिणामों से सन्तुष्ट हैं, तो आप भी बातचीत ख़त्म करने की तैयारी कर सकते हैं।

चश्मे की डण्डी को मुँह में रखना

होंठों या मुँह में चश्मे की डंडी को दबाना एक क्षणिक प्रयास है। जिसके द्वारा व्यक्ति उस सुरक्षा को फिर से पाना चाहता है, जो उसे एक शिशु के रूप में अपनी माँ के स्तन से मिलती थी, जिसका अर्थ है कि मुँह में चश्मे की मुद्रा मूलतः एक आश्वत मुद्रा है। धूम्रपान करने वाले व्यक्ति अपनी सिगरेट का प्रयोग भी इसी

कारण से करते हैं और बच्चा अपना अँगूठा भी इसी वजह से चूसता है।

पेपरवेट आदि घुमाना

बहुत से लोगों को आपने देखा होगा कि वे मेज़ पर रखी किसी अन्य वस्तु जैसे पेपरवेट आदि को घुमाते रहते हैं। आपको लगता होगा कि यह व्यर्थ की चेष्टा है। मगर नहीं, इस चेष्टा पर वास्तव में उनका ध्यान ही नहीं होता। यह क्रिया तो उनके अवचेतन मन द्वारा संचालित हो रही होती है।

जिस समय उनका चेतन मन गहरे अंतर्द्वंद्व में फँसा होता है और जिस समय वे किसी निर्णय पर पहुँचने का प्रयास कर रहे होते हैं, उस समय अवचेतन मन से संचालित ऐसी क्रियाएँ प्रायः होती रहती हैं। चित्र को देखें। अतः यदि आप इस स्थिति में किसी व्यक्ति को लीन देखें, तो कभी भी किसी गम्भीर चर्चा अथवा अपना कोई कार्य करवाने के लिये उनके पास न जायें, अन्यथा उलझन से पैदा चिड़चिड़ाहट आपका कार्य बिगाड़ सकती है और ऐसे में वह व्यक्ति आपके सही कार्य को भी ग़लत ठहरा सकता है।

पेन आदि से मिलने वाले संकेत

पेन को जेब में रखने या उपयोग में लेने के तरीक़ों के बारे में जानकर आपको

काफ़ी मज़ेदार जानकारी मिल सकती है। जैसे–पेन को जब कोई दृढ़ता से पकड़ता है, तो आप उसे प्रभावित नहीं कर पाते। इसी प्रकार एक से ज़्यादा पेन अपनी जेब में रखने वाले स्वयं को असुरक्षित अनुभव करते हैं। इस बारे में बहुत से संकेत हमें मिल सकते हैं। कुछ दूसरे सूत्र देखें–

पेन को निब से पास से पकड़ने वाले लोग बहिर्मुखी होते हैं, जबकि पेन को निब से काफ़ी दूर पकड़कर काम में लेने वाले अंतर्मुखी होते हैं।

आमतौर पर पेन पकड़ने के लिये अँगूठा, उसके पास वाली तर्जनी अँगुली और मध्यमा काम में ली जाती हैं। यह एक स्वाभाविक या प्राकृतिक पकड़ है, लेकिन कुछ लोग पेन को लगभग सभी अँगुलियों और अँगूठे से पकड़ते हैं। ऐसे लोग मौलिक विचारों के पक्षधर होते हैं। जब आप इस श्रेणी के लोगों से मिलें, तो एक बात गाँठ बाँध ले कि आपको इनके सामने कुछ नया और कुछ मौलिक करके दिखाना है। ये लोग नये विचारों और सिद्धान्तों से पर्याप्त सामंजस्य रखते हैं। यदि आपका सामना इस तरह के किसी बॉस से हो तो आपको उसके सामने बॉडी लैंग्वेज के आधार पर अपनी कार्य प्रणाली में सुधार या बदलाव लाना चाहिए।

जब बातचीत के दौरान आपका साथी या बॉस पेन के सिरे को मुँह में डाले या पेन को चेहरे की तरफ़ ले जाये, तो यह आपके बारे में किसी सोच का प्रतीक हो सकता है। इसका अर्थ है कि आपके बारे में कोई निर्णय लिया जा रहा है।

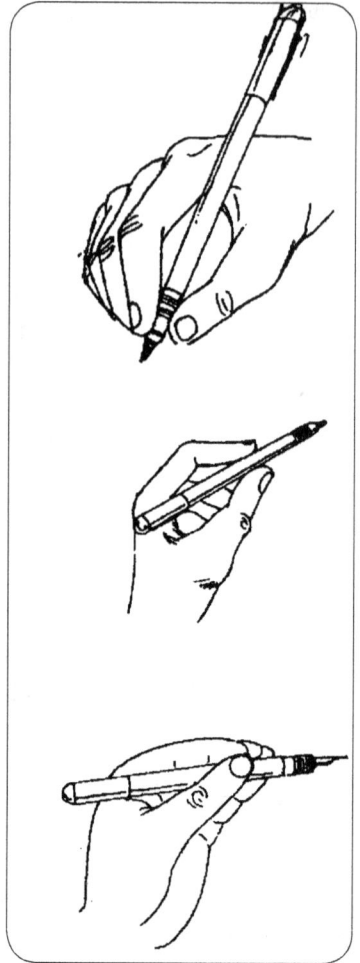

क्षेत्र और सीमायें

प्रिय पाठकों! पिछले कुछ सालों में दैहिक भाषा के विशेषज्ञों ने यह पाया है कि जिस तरह पशु–पक्षियों, मछलियों और अन्य जानवरों के लिये उनके लिये सीमाओं का रेखांकन किया जाता था और फिर उसी आधार पर उसकी रक्षा की जाती है, ठीक उसी तरह मनुष्य का भी अपना क्षेत्र होता है। अमेरिकी मानवविज्ञानी एडवर्ड टी। हॉल मनुष्य की क्षेत्रीय आवश्यकताओं के प्रवर्तक थे, जिन्होंने 1960 कि दशक में 'प्रोग्ज़ेमिक्स' (Proxemics) शब्द गढ़ा (proximity से, जिसका अर्थ है 'निकटता')। इस क्षेत्र में उनके शोध ने हमारे एक–दूसरे के प्रति व्यवहार के बारे में एक नई समझ पैदा की।

प्रत्येक देश में एक क्षेत्र होता है, जिसके भीतर छोटे–छोटे क्षेत्र होते हैं, जिन्हें महानगर, नगर, उपनगर, क़स्बे और गाँव के नाम से पुकारा जाता है। यहाँ सभी क्षेत्र वहाँ रहने वाले लोगों के लिये 'बन्द क्षेत्र' होते हैं। प्रत्येक क्षेत्र के निवासी एक न दिखने वाली डोर से आपस में बँधे होते है और उस क्षेत्र की रक्षा के लिये मार–काट पर उतारू हो जाते हैं।

पाठकों! यहाँ आप एक ख़ास बात और जान लीजिये कि हर क्षेत्र का एक निश्चित भूभाग या स्थान होता है जिस पर कोई व्यक्ति अपना दावा कर सकता है, जैसे यह उसके शरीर का ही विस्तार हो। हर व्यक्ति का अपना खुद का व्यक्तिगत

क्षेत्र होता है, जिसमें वह स्थान शामिल होता है जो उसके अधिकार की वस्तुओं के आस–पास होता है, जैसे–उसका घर, जिसके चारों तरफ़ दीवार बनी होती है या चारों ओर फेंस लगी होती है, उसकी कार, उसका अपना बेडरूम, या व्यक्तिगत कुर्सी होती है और इसके अलावा उसके शरीर के चारों ओर वायु का एक निश्चित स्थान होता है।

व्यक्तिगत क्षेत्र

इससे पहले कि हम मनुष्य के व्यक्तिगत क्षेत्र के बारे में चर्चा करें, हमारा जानवरों के व्यक्तिगत क्षेत्र से परिचित होना आवश्यक है। वास्तव में, ज़्यादातर जानवरों के शरीर के चारों तरफ़ निश्चित वायु क्षेत्र हेाता है, यह क्षेत्र कितना बड़ा होता है, यह इस बात पर निर्भर करता है कि वह प्राणी भीड़ भरी परिस्थितयों में बड़ा हुआ है। अफ्रीका के जंगलों में बड़े हुए शेर की क्षेत्रीय सीमा पचास किलोमीटर या इससे भी अधिक परिधि की हो सकती है, जो उस क्षेत्र में शेरों की जनसंख्या के घनत्व पर निर्भर करती है। यहाँ शेर अपनी क्षेत्रीय सीमाओं पर अपना मल–मूत्र त्यागकर उन्हे रेखांकित करता है। दूसरी तरफ़ यदि किसी शेर को क़ैद करके उसे अन्य शेरों के साथ भीड़ भरे माहौल में रखा जाये तो उसके व्यक्तिगत क्षेत्र की परिधि केवल कुछ मीटर तक ही सीमित रह जाती है।

इसी तरह मनुष्य का भी अपना व्यक्तिगत दायरा होता है, जिसे वह अपने चारों तरफ़ महसूस है। इसका आकार उस स्थान की जनसंख्या के घनत्व पर निर्भर करता है, जहाँ वह बड़ा हुआ है। इस तरह यह व्यक्तिगत क्षेत्रीय दूरी संस्कृति के नाम से निर्धारित होती है।

क्षेत्रीय दूरियाँ

क्षेत्रीय दूरियों को चार भिन्न क्षेत्रों में बाँटा जा सकता है।

- अंतरंग क्षेत्र
- व्यक्तिगत क्षेत्र
- समाजिक क्षेत्र तथा
- सार्वजनिक क्षेत्र

अंतरंग क्षेत्र (15 से 45 सेंटीमीटर के बीच या 6 से 18 इंच तक) : यह सबसे महत्त्वपूर्ण क्षेत्र होता है, क्योंकि व्यक्ति इसकी सुरक्षा कुछ इस तरह से करता है कि मानो यह उसकी अपनी निजी सम्पत्ति हो। इस क्षेत्र में केवल वे ही लोग आ सकते हैं, जो भावनात्मक रूप से उस व्यक्ति के क़रीब हो। इनमें प्रेमी या प्रेमिका, माता–पिता, क़रीबी दोस्त और रिश्तेदार शामिल होते हैं। इसमें भी एक उप–क्षेत्र होता है, जो शरीर से 15 सेंटीमीटर (6 इंच) तक की दूरी का होता है, जिसमें केवल शारीरिक सम्पर्क के दौरान ही प्रवेश किया जा सकता है। यह क़रीबी अंतरंग क्षेत्र होता है।

व्यक्तिगत क्षेत्र (46 सेंटीमीटर और 1.22 मीटर के बीच या 18 इंच से 48 इंच तक): यह वह क्षेत्र है, जिसमें कॉकटेल पार्टी, ऑफ़िस की पार्टी, सामाजिक समारोह और दोस्तों की चर्चाओं में हम दूसरों के साथ खड़े होते हैं।

सामाजिक क्षेत्र (1.22 मीटर और 3.6 मीटर के बीच या 4 से 12 फुट तक) : इतनी दूरी पर हम अजनबियों के सामने, हमारे घर पर मरम्मत करने आये कारपेंटर, पलम्बर, पोस्टमैन, दुकान वाले, काम पर आये नये कर्मचारी और उन लोगों के साथ खड़े होते हैं, जिन्हें हम अच्छी तरह से जानते हैं।

सार्वजनिक क्षेत्र (3.6 मीटर या 12 फुट से अधिक) : जब हम लोगों के बड़े समूह को सम्बोधित करते हैं, तब हम इस आरामदेह दूरी पर खड़े होना पसन्द करते हैं।

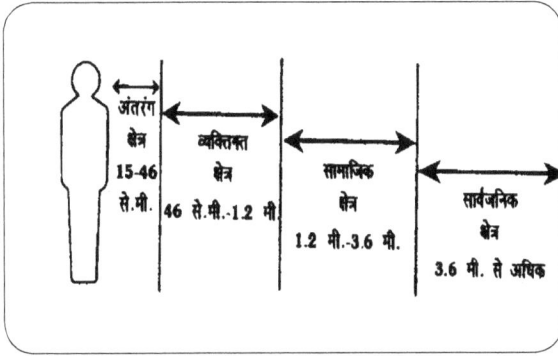

क्षेत्रीय दूरियों के व्यवहारिक उपयोग

कोई भी व्यक्ति हमारे अंतरंग क्षेत्र में आमतौर पर दो कारणों से प्रवेश करता है। पहला, अगर वो हमारा कोई क़रीबी रिश्तेदार या दोस्त है या फिर वह हमारे साथ शारीरिक सम्बन्ध (सेक्स) बनाने की इच्छा रखता है। दूसरा, आगंतुक शत्रुतापूर्ण इरादे रखता है और हमला करने वाला है हलाँकि हम अपने व्यक्तिगत और सामाजिक क्षेत्रों में अजनबियों की घुसपैठ को बरदाश्त कर सकते हैं, परन्तु अंतरंग क्षेत्र में अजनबियों के आने से हमारे शरीर में कुछ परिवर्तन होने लगते हैं। दिल तेज़ी से धड़कने लगता है, खून में एड्रीनलिन का स्राव पहुँच जाता है, मस्तिष्क में खून का प्रवाह तेज़ हो जाता है और मांसपेशियाँ चौकन्नी हो जाती हैं, जो संभावित युद्ध की तैयारी या भागने की स्थिति दिखाती है।

यदि आप चाहते हैं कि लोग आपके साथ आरामदेह महसूस करे, तो सबसे बढ़ियाँ नियम यही है कि आप उनसे दूरी बनाकर रखें। दूसरे व्यक्तियों से हमारे जितने भी अधिक अंतरंग सम्बन्ध होंगे, उनके क्षेत्रों में हमें उतनी ही अधिक अन्दर तक जाने की इजाज़त मिलेगी।

दूरी/अंतरंगता के नियम के अपवादों में से एक यह है कि दूरी किसी व्यक्ति की सामाजिक स्थिति पर आधारित होती है। उदाहरण के तौर पर हो सकता है कि किसी कम्पनी का सीईओ अपने किसी कर्मचारी को वीकएंड पर मछली पकड़ने के लिये साथ ले जाये और जब वे मछली पकड़ रहे हों, तो वे एक दूसरे के व्यक्तिगत या अंतरंग क्षेत्र में बेझिझक प्रविष्ट हो रहे हों। परन्तु ऑफ़िस में सीईओ अपने मछली पकड़ने वाले साथी को उसी सामाजिक दूरी पर रखेगा, जो अलिखित सामाजिक नियमों द्वारा निर्धारित है।

सार्वजनिक जगहों पर हमें न चाहते हुए भी दूसरे लोगों के अंतरंग क्षेत्र का अतिक्रमण करना पड़ता है और इस अतिक्रमण के बाद उनकी प्रतिक्रियायें देखने में बहुत रोचक होती है। जब भी पाश्चात्य संस्कृति में लोग किसी भीड़ भरी स्थिति में आते हैं, जैसे किसी भरी हुई लिफ़्ट या सार्वजनिक वाहन में, तो उनके द्वारा अलिखित नियमों का पालन किया जाता है। इन नियमों में निम्नलिखित शामिल हैं।

- आप किसी से बातें नहीं करते, भले ही आप उनमें से किसी आदमी को जानते हों।
- आपको दूसरों से आँखें मिलाने से बचना चाहिए।
- आपको एक भावहीन चेहरा बनाये रखना है।
- यदि आपके पास कोई किताब या अख़बार है तो आपको उसमें आँखें गड़ाये रहना चाहिए।
- भीड़ जितनी ज़्यादा हो, आपके शरीर को उतनी ही कम हरकत करना चाहिए।
- लिफ़्ट में इधर–उधर देखने के बजाय आपको अपने सिर के ऊपर लिखे गये मंज़िलों के नंबर देखने चाहिए।

हम अकसर यह सुनते है कि सार्वजनिक वाहनों में व्यस्तता के समय में जो लोग काम पर जाने कि लिये सफ़र करते हैं, वे 'दुःखी', 'परेशान' या 'कष्ट' में दिखायी देते हैं। इसका कारण यह है कि इन यात्रियों के चेहरों पर एक बेजान, भावहीन मुद्रा होती है, परन्तु यह केवल देखने वाले का भ्रम होता है। देखने वाले को यह पता होना चाहिए कि यहाँ समूह के लोग उन अलिखित नियमों का पालन कर रहे हैं, जो किसी भीड़ भरे सार्वजनिक स्थान में अंतरंग क्षेत्रों के अतिक्रमण के समय अपनाये जाते हैं।

यदि आपको इस बात पर शक है तो आप एक अभ्यास कीजिये। आप किसी भीड़ भरे सिनेमाहॉल में चले जाइये। वहाँ आपको गेटकीपर आपकी सीट बताता है, जिसके चारों तरफ़ अनजाने चेहरों का जमघट होता है। वहाँ आप पहले रोबोट की तरह भीड़ भरे सार्वजनिक स्थानों पर किये जाने वाले व्यवहार के अलिखित

नियमों से संचाालित होते हैं। जब आप अपने पास बैठे अनजान आदमी के साथ कोहनी टिकाने वाले हत्थे के लिये क्षेत्रीय अधिकार का संघर्ष शुरू करते हैं, तब आपको इस बात का एहसास होगा कि जो लोग भीड़ भरे सिनेमाघरों में अकेले जाते हैं, वे तब तक अपनी सीट पर क्यों नहीं बैठते, जब तक कि रोशनी बन्द न कर दी जाये और फ़िल्म शुरू ही न हो जाये। चाहे हम किसी भीड़ भरी लिफ़्ट में हों, सिनेमाघर या बस में हों, हमारे चारों तरफ़ के लोग हमारे लिये अस्तित्वहीन हो जाते हैं–यानी कि हमारे लिये उनका अस्तित्व ही नहीं होता और इसलिए हम उनके प्रति वह प्रतिक्रिया नहीं देते जो हमारे अंतरंग क्षेत्र के अतिक्रमण के कारण हम आमतौर पर देते हैं।

गुस्सैल भीड़ या अपने उद्देश्यों के लिये आन्दोलन करने वालों का समूह अपने क्षेत्र के अतिक्रमण पर उस तरह से प्रतिक्रिया नहीं करता, जिस तरह कोई अकेला आदमी करता है। वास्तव में, जैसे–जैसे भीड़ का घनत्व बढ़ता जाता है, हर आदमी के पास कम व्यक्तिगत क्षेत्र बचता है और वह शत्रुतापूर्ण मूड में आ जाता है, इसलिए जैसे–तैसे भीड़ का आकार बढ़ता जाता है वह उतनी ही ज़्यादा हिंसक और बेक़ाबू होती जाती है और तोड़–फोड़ शुरू हो जाती है। इस जानकारी का इस्तेमाल पुलिस द्वारा किया जाता है, जो भीड़ को तितर–बितर करने की कोशिश करती है, ताकि हर आदमी को उसका व्यक्तिगत क्षेत्र मिल जाये और वह फ़ौरन शान्त हो जाये।

इस बिन्दु को ध्यान में रखते हुए यह समझना आसान है कि जिन क्षेत्रों में मानवीय जनसंख्या का अधिक घनत्व होता है वहाँ अधिक अपराध क्यों होते हैं।

पुलिस वाले अपराधियों से सवाल करते समय क्षेत्रीय अतिक्रमण की तकनीकों का प्रयोग करते हैं, जिससे अपराधियों का प्रतिरोध टूट जाये। वे अपराधी को बिना हत्थे की स्थिर कुर्सी पर कमरे के खुले क्षेत्र में बिठाते हैं और उससे सवाल पूछते समय उसके अंतरंग और क़रीबी क्षेत्रों का अतिक्रमण करते हैं और तब तक वहीं बने रहते हैं, जब तक कि उन्हें सवाल का सही जवाब न मिल जाये। इस तकनीक के इस्तेमाल से अपराधी का प्रतिरोध टूटने में बहुत कम समय लगता है।

इसके अलावा मैनेजमेंट के लोग भी जानकारी छुपाने वाले कर्मचारियों से जानकारी हासिल करने के लिये इसी तकनीक का इस्तेमाल करते हैं, परन्तु वह सेल्समैन बेवकूफ़ ही होगा जो अपने ग्राहकों के सामने इस तकनीक का इस्तेमाल करेगा।

ग्रामीण-शहरी क्षेत्रीय आवश्यकतायें

पाठकों! जैसा पहले ही बताया जा चुका है, किसी आदमी को कितने व्यक्तिगत क्षेत्र ही ज़रूरत होगी यह उस क्षेत्र के जनसंख्या घनत्व पर निर्भर करता है, जहाँ वह बड़ा हुआ है। जो लोग बहुत कम जनसंख्या वाले ग्रामीण अंचलों में बड़े हुए हैं, उन्हें ज़्यादा व्यक्तिगत क्षेत्र की ज़रूरत होती है, जबकि जो लोग घनी आबादी वाले शहरी क्षेत्रों में बड़े हुए हैं, उन्हें अपेक्षाकृत कम व्यक्तिगत क्षेत्र की ज़रूरत

होती है। ऐसे में हाथ मिलाने का तरीक़ा उस आदमी की क्षेत्रीय आवश्यकता के बारे में संकेत दे सकता है। हाथ मिलाते समय कोई व्यक्ति कितनी दूरी पर अपना हाथ रखता है यह बताता है कि वह किसी बड़े शहर से आया है या किसी ग्रामीण इलाक़े से। शहर के निवासियों का निजी क्षेत्र 46 सेंटीमीटर का होता है। हाथ मिलाने के लिये आगे बढ़ने पर उनकी कलाई और पृष्ठभाग के बीच की दूरी भी इतनी ही होती है।

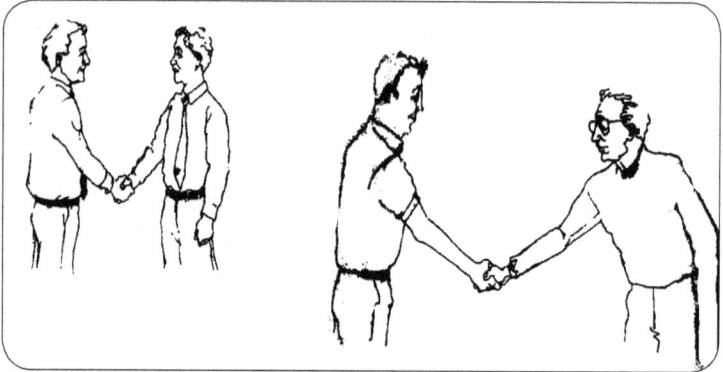

इससे एक आदमी के हाथ को दूसरे आदमी के हाथ से 'तटस्थ' क्षेत्र में मिलने का मौक़ा मिलता है। उन लोगों के लिये जो किसी कम घने जनसंख्या वाले ग्रामीण क्षेत्र में बड़े हुए है, यह क्षेत्रीय ज़रूरत 100 सेंटीमीटर या इससे ज़्यादा हो सकती है और जब कोई ग्रामीण आदमी से हाथ से मिलाता है तो यह कलाई से शरीर के बीच की दूरी होती है।

ग्रामीणों में यह प्रवृति होती है कि वे ज़मीन पर अपने पैर कसकर जमा लेते हैं और फिर हाथ मिलाने के लिये जितना आगे झुक सकते हैं, उतना झुक जाते

हैं, जबकि शहरी आदमी अभिवादन करने के लिये क़दम आगे बढ़ाता है। जो लोग दूरस्थ अंचलों में या विरल जनसंख्या वाले क्षेत्रों में बड़े होते हैं। उनकी व्यक्तिगत क्षेत्र की ज़रूरत और भी ज़्यादा होती है, जो कि 6 मीटर तक हो सकती है। ऐसे लोग हाथ मिलाना पसन्द नहीं करते। इसके बजाय वे दूर खड़े होकर हाथ हिलाकर अभिवादन करना पसन्द करते हैं।

क्षेत्रीय स्वामित्व

जिस सम्पत्ति पर किसी आदमी का स्वामित्व हो या जो स्थान उसके द्वारा नियमित रूप से उपयोग में लाया जा रहा हो, वह उसका निजी क्षेत्र बन जाता है और व्यक्तिगत वायु क्षेत्र की ही तरह वह इसकी सुरक्षा के लिये संघर्ष भी कर सकता है। कुछ वस्तुयें जैसे किसी व्यक्ति का घर, ऑफ़िस और कार एक क्षेत्र का प्रतिनिधित्व करती हैं, जिनमें से प्रत्येक की सीमायें दीवारों, दरवाज़ों, फेंस इत्यादि के द्वारा स्पष्ट रूप से रेखांकित होती है।

प्रत्येक क्षेत्र के कई उपक्षेत्र हो सकते हैं। उदाहरण के तौर पर, घर में महिला का निजी क्षेत्र उसकी रसोई हो सकती है और जब वह उसका प्रयोग कर रही हो, तो वह किसी दूसरे आदमी के द्वारा उस क्षेत्र के अतिक्रमण को नापसन्द करती है। कॉन्फ्रेंस टेबल पर किसी व्यवसायी की पसन्दीदा जगह हो सकती है। कैंटीन में भोजन करने वालों की कोई न कोई पसन्दीदा जगह होती है और घर में पिता की अपनी पसन्दीदा कुर्सी होती है। इन क्षेत्रों को रेखांकित करने के लिये इन पर या इनके आस–पास व्यक्तिगत सामान रख दिया जाता है। कैंटीन में भोजन करने वाला तो यहाँ तक अपना हक़ जताता है कि वह टेबल पर 'अपनी' ख़ास जगह पर अपना नाम तक लिख देता है। कॉन्फ्रेंस टेबल पर व्यवसायी अपने क्षेत्र की सीमारेखा जताने के लिये अपने 46 सेंटीमीटर के अंतरंग दायरे के चारों तरफ़ एश–ट्रे, पेन, किताबें या कपड़े रख देता है

कई पुस्तकालयों में बैठने की स्थितियों पर हुए शोध ने दर्शाया है कि लायब्रेरी की डेस्क पर कोई पुस्तक या व्यक्तिगत सामान छोड़ देने से वह स्थान औसतन सतहत्तर मिनट के लिये आरक्षित माना जाता है। घर पर कोई घरेलू सदस्य अपनी पसंदीदा कुर्सी पर अपना हक़ या स्वामित्व जताने के लिये उस पर या उसके पास कोई व्यक्तिगत चीज़ छोड़ देता है, जैसे पाइप, किताब या पत्रिकायें इत्यादि।

वाहन

दैहिक भाषा के विशेषज्ञों ने पाया है कि जब लोग कार चलाते हैं, तो वे अपने क्षेत्रों के सम्बन्ध में सामान्य सामाजिक व्यवहार के बिलकुल अलग प्रतिक्रिया करते हैं। ऐसा लगता है कि कार उस आदमी के व्यक्तिगत क्षेत्र के दायरे को बहुत बढ़ा देती है। कई मामलों में, उनका दायरा उनके सामान्य क्षेत्र से दस गुना तक ज़्यादा हो जाता है, इसलिए कार चालक को यह लगता है कि कार के सामने और पीछे 9 से 10 मीटर की जगह पर उसी का अधिकार है। मान लीजिये कि कोई दूसरा कार चालक

उसकी कार के सामने अपनी कार काटता है इसमें किसी ख़तरे की संभावना नहीं होती, इसके बाद भी कार चालक में शारीरिक परिवर्तन हो जाते हैं और वह गुस्से में आ जाता है तथा दूसरे कार चालक से लड़ने पर उतारू हो जाता है। इसकी तुलना उस स्थिति से की जा सकती है, जब वही आदमी किसी लिफ़्ट में क़दम रख रहा होता है और दूसरा आदमी उसके सामने क़दम रख देता है, जिससे उसके व्यक्तिगत क्षेत्र का अतिक्रमण होता है। इन परिस्थितियों में उसकी प्रतिक्रिया आम तौर पर क्षमा–याचना की होती है और वह दूसरे आदमी को पहले अंदर घुसने देता है। यह उस घटना के ठीक विपरीत होता है जब दूसरे कार चालक ने उसकी कार के समाने आकर खुली सड़क पर उसे विचलित कर दिया था। कुछ लोगों के लिये कार एक सुरक्षा कवच बन जाती है, जिसमें वे बाहरी दुनिया से छुप सकते हैं। जब वे धीमे–धीमे बिलकुल किनारे पर चलते हैं।

संक्षेप में, लोग आपको आमंत्रित करेंगे या आपको अस्वीकार करेंगे, यह इस तथ्य पर निर्भर करेगा कि आप उनके व्यक्तिगत क्षेत्र का कितना सम्मान करते हैं। इसीलिये उस खुशदिल आदमी को हर आदमी मन–ही–मन नापसंद करता है, जो हर मिलने वाले की पीठ ठोकता है या चर्चा के दौरान उन्हें लगातार छूता रहता है। चूँकि क्षेत्रीय दूरी को कई तत्व प्रभावित कर सकते हैं, इसलिए कोई आदमी निश्चित दूरी पर क्यों है, यह निर्णय लेने के पहले हमें हर पहलू पर विचार कर लेना चाहिए।

- पुरुष और महिला, दोनों ही शहर के निवासी है और पुरुष महिला से अंतरंगता बनाने के लिये पहल कर रहा है।
- पुरुष का अंतरंग दायरा महिला की तुलना में कम है और इसीलिये अनजाने में ही वह उसके क्षेत्र का अतिक्रमण कर रहा है।
- पुरुष ऐसी संस्कृति से आया है, जहाँ अंतरंग क्षेत्र का दायरा छोटा है और महिला किसी ग्रामीण परिवेश में बड़ी हुई है।

कुछ आसान सवाल और दोनों के आगे के व्यवहार को देखकर आप इनकी दैहिक भाषा को अच्छी तरह से समझ सकते हैं।

इंटरव्यू के दौरान दैहिक भाषा

दो लोगों का इंटरव्यू लेना

मान लीजिये कि आप व्यक्ति 'स' है और दो लोग 'अ' और 'ब' का इंटरव्यू लेने जा रहे हैं या उनसे चर्चा कर रहे हैं। (चित्र)

और हम यह मान लें कि आप चयन के पश्चात् या परिस्थितिवश एक गोल मेज़ पर त्रिकोण की स्थिति में बैठे हुए है। हम यह भी मान लेते हैं कि व्यक्ति 'अ' बहुत बातूनी है। वह कई सवाल पूछता है, जबकि 'ब' पूरे समय चुपचाप बैठा हुआ है।

जब 'अ' आपसे कोई सवाल पूछता है तो आप किस तरह 'ब' को चर्चा से बाहर न करते हुए 'अ' को जवाब देंगे और चर्चा जारी रखेंगे ? यहाँ आसान परन्तु अत्यधिक प्रभावी 'सम्मिलन तकनीक' का प्रयोग करें : जब 'अ' सवाल पूछता है, तो जब आप जवाब देना प्रारम्भ करें तो उसकी तरफ़ देखें, फिर अपने सिर को 'ब' की तरफ़ मोड़ें, फिर 'अ' की तरफ़ देखते हुए (जिसने सवाल पूछा था) अपना अंतिम वक्तव्य दे डालें। इस तकनीक से 'ब' भी चर्चा में सम्मिलित महसूस करेगा और यह तकनीक विशेष रूप से तब उपयोगी है, जब आपको 'ब' को अपनी तरफ़ बनाये रखने की ज़रूरत हो।

पैर का संकेत

पैर न केवल इस बात का संकेत देते हैं कि आप किस दिशा में जा रहे हैं, बल्कि इस बात की पुष्टि भी करते हैं कि आपको कौन से लोग रुचिकर या आकर्षक लग रहे हैं। कल्पना कीजिये कि आप किसी समाजिक सामारोह में हैं और आप तीन पुरुषों और एक बहुत आकर्षक महिला के समूह को देखते हैं।

चर्चा पर पुरुषों का वर्चस्व प्रतीत हो रहा है जबकि महिला केवल सुन रही है। तभी आप एक रोचक बात देखते हैं–सभी पुरुषों के एक पैर का संकेत उस महिला की तरफ़ जा रहा है। इस आसान अशाब्दिक संकेत से सभी पुरुष यह दर्शा रहे हैं कि वे उस महिला में रुचि रखते हैं। अवचेतन में वह महिला इन पैर की मुद्राओं को देखती है और वह उस समूह में तब तक बनी रहेगी जब तक वह उनके आकर्षण का केन्द्र बनी रहेगी।

चित्र में वह दोनों पैर को मिलाकर एक तटस्थ मुद्रा में खड़ी हुई है और आख़िरकार वह अपना एक पैर उस पुरुष की ओर मोड़ देगी जो उसे सबसे ज़्यादा आकर्षक या रुचिकर लगता है। आप यह भी पायेंगे कि वह उस आदमी की तरफ़ तिरछी निगाह डाल रही है, जो बेल्ट में अँगूठे की मुद्रा का प्रयोग कर रहा है।

बैठे शरीर की संरचनायें

कल्पना कीजिये कि आप एक सुपरवाइज़र हैं और अधीनस्थ कर्मचारी को परामर्श देने वाले हैं, जिसका काम बहुत असंतोशजनक और ग़लतियों से भरा हुआ है। इस लक्ष्य को पाने के लिये आप महसूस करते हैं कि आपको सीधे सवालों के प्रयोग की ज़रूरत होगी जिसके जवाब सीधे दिये जायें, ताकि अधीनस्थ दबाव में आ जाये।

कई बार आपको उस अधीनस्थ को यह बताने की ज़रूरत भी पड़ेगी कि आप उसकी भावनाओं को समझते हैं और समय–समय पर आपको यह भी कहना पड़ेगा कि आप उसके विचारों या कार्यों से सहमत हैं। आप किस तरह इन दृष्टिकोणों

को बॉडी लैंग्वेज़ के माध्यम से अशाब्दिक रूप से संप्रेषित करेंगे ?

इन उदाहरणों के लिये साक्षात्कार और सवाल पूछने की तकनीकों को दरकिनार करते हुए हम निम्न बिन्दुओं पर विचार करते हैं –

1. यह तथ्य कि परामर्श का यह सत्र आपके ऑफ़िस में है और आप उसके बॉस हैं आपको इस बात का मौक़ा देता है कि आप अपनी तरफ़ की डेस्क से चलकर कर्मचारी की डेस्क की तरफ़ आ जायें (सहयोगी स्थिति) और इसके बावजूद अनकहा नियन्त्रण बनाये रखें।

2. अधीनस्थ को ऐसी कुर्सी पर बैठाना चाहिए, जिसके पाये स्थिर हों और जिसमें हत्था न हो ताकि वह देह मुद्राओं और भंगिमाओं के प्रयोग के लिये मजबूर हो जाये, जिससे आप उसके रवैये को अच्छी तरह से समझ सकें।

3. आपको घूमने वाली कुर्सी पर बैठना चाहिए जिसमें हाथों को टिकाने के लिये हत्थे हों। इससे आपको ज़्यादा नियन्त्रण मिलता है और आपको खुद की कुछ कमज़ोर मुद्राओं को समाप्त करने का मौक़ा मिलता है, क्योंकि कुर्सी पर आप इधर–उधर घूम सकते हैं।

तीन मुख्य कोण संरचनायें हैं, जिनका प्रयोग किया जा सकता है।

खड़ी त्रिकोण स्थिति की ही तरह, खुली त्रिकोण संरचना में चर्चा में एक अनौपचारिक, सहज माहौल बन जाता है और यह परामर्श सत्र की शुरुआत के लिए एक अच्छी स्थिति है। आप अधीनस्थ की गतियों और मुद्राओं की नकल करके उसके साथ अशाब्दिक सहमति दर्शा सकते हैं। जैसा वे खड़ी स्थिति में करते हैं, दोनों धड़ तीसरे साझे बिन्दु की ओर इशारा कर रहे हैं, जिससे त्रिकोण बन रहा है, यह आपसी सहमति दर्शा सकता है।

अपनी कुर्सी को सीधे अपने अधीनस्थ की ओर मोड़कर अशाब्दिक रूप से उसे यह बता रहे हैं कि आप उससे अपने सवालों का सीधा जवाब चाहते हैं। इस स्थिति को व्यवसायिक दृष्टि के साथ मिला लें और शरीर तथा चेहरे की मुद्राओं में कमी कर दें। इससे आपका अधीनस्थ कर्मचारी अत्याधिक अशाब्दिक दबाव महसूस करेगा। उदाहरण के तौर पर, जब आपने उससे कोई सवाल पूछा है और वह अपनी आँख तथा मुँह मलता है और दूसरी तरफ़ देखते हुए जवाब देता है तो अपनी कुर्सी को सीधे उसकी तरफ़ इंगित करके पूछें, ''क्या आप ऐसा पूरे विश्वास से कह सकते हैं?'' यह साधारण सी क्रिया उस पर अशाब्दिक दबाव डाल देती है और उसे सच बोलने के लिये मजबूर कर सकती है।

जब आप अपने शरीर को अपने अधीनस्थ से दूर दायें कोण पर स्थित करते हैं, तो आप साक्षात्कार के दबाव को कम कर देते हैं। यह एक उत्कृष्ट स्थिति है, जहाँ आप नाजुक या उलझन भरे सवाल पूछ सकें, जिससे आपके दबाव में आये बिना वह आपके सवालों के ज़्यादा स्पष्ट जवाब दे सके। परन्तु आपका लक्ष्य तो कुछ और ही है, इसलिए आपको अपनी स्थिति का सीधी देह के बिन्दु तकनीक पर दुबारा आने की ज़रूरत है, ताकि आपको तथ्यों की पूरी जानकारी मिल सके।

अंत में....

अगर आप किसी आदमी के साथ तालमेल बनाना चाहते हैं तो त्रिकोण की स्थिति का प्रयोग करें और जब आपको अशाब्दिक दबाव डालने की ज़रूरत महसूस हो तो सीधे शरीर के बिन्दु का सहारा लें। दायें कोण की स्थिति में दूसरे आदमी को स्वतन्त्र रूप से सोचने और काम करने की आज़ादी मिल जाती है, क्योंकि आपकी तरफ़ से कोई अशाब्दिक दबाव नहीं डाला जा रहा है। बहुत कम लोगों ने इस बात पर विचार किया होगा कि शरीर के कोण भी दूसरे आदमी के दृष्टिकोण और व्यवहार पर असर डाल सकते हैं।

इन तकनीकों में महारत हासिल करने के लिये बहुत अभ्यास की ज़रूरत होती है, परन्तु अगर आप ऐसा करेंगे, तो कुछ समय बाद यह आपकी 'स्वाभाविक' गतियाँ बन जायेंगी। अगर आपकी आजीविका दूसरों के साथ व्यवसायिक सौदे करने से सम्बन्धित है तो देह कोणों और घूमने वाली कुर्सी की तकनीकों में पारंगत होने से आपको काफ़ी फ़ायदा होगा। दूसरों के साथ आपकी रोज़मर्रा की मुलाक़ातों में अगर आप पैर के संकेत, देह के कोण और सकारात्मक मुद्रा समूह जैसे खुले हाथ, खुली हथेली, आगे झुकना, सिर को झुकाना और मुस्कराहट सीख लेते हैं, तो दूसरे न सिर्फ़ आपके साथ से आनंदित होंगे, बल्कि इससे आपका नजरिया भी बदल जायेगा।

और संक्षेप में.....

शारीरिक भाषा (दैहिक भाषा) विज्ञान के क्षेत्र में शोध करने वाले विशेषज्ञों की मान्यता है कि आँखों की पलकों का जल्दी–जल्दी खुलना, आँखों को कड़ाई से बन्द रखना, होंठों को भीतर की ओर खींचना अथवा होंठों को चबाना–ये सब लक्षण हमारे अंदर के तनाव को प्रकट करते हैं। फड़फड़ाते होंठ, भिंचे हुए दाँत, कसकर बन्द की गयी मुट्ठी तथा शरीर में कँपकँपाहट हमारे क्रोध को प्रदर्शित करते हैं।

किसी का इंतज़ार करते समय मेज़, स्टूल, फ़र्श या अन्य किसी वस्तु पर अँगुलियों से पियानो बजाने का उपक्रम हमारी व्यग्रता को अभिव्यक्त करता है। भीड़–भाड़ वाले स्थानों पर, यात्रा में तथा कहीं टिकट खिड़की की लम्बी कतार में लगे व्यक्ति चिड़चिड़ेपन के शिकार हो जाते हैं। यही वजह है कि जहाँ भीड़ होती है, वहाँ हिंसक गतिविधियाँ सहजता से घटित हो जाती है। भारी जन–समुदाय द्वारा किये जाने वाले प्रदर्शनों की उग्रता तथा तोड़–फोड़ जैसी गतिविधियों में लोगों की दिलचस्पी इसी का उदाहरण है।

इस सम्बन्ध में महात्मा गांधी ने कहा था, ''हमारा जीवन सब कलाओं से ऊपर है और मैं यह घोषणा करता हूँ कि जो व्यक्ति जीवन में पूर्णता लाने का प्रयास करता है, वह एक महान् कलाकार है।''

हाथ मिलाने का ढंग

मनुष्य के इर्द–गिर्द जो स्थान होता है, तकनीकी रूप से इसे जोन कहा जाता है। हर मनुष्य इस जोन पर अपना स्वाभाविक अधिकार समझता है। जब वह इस स्थान पर अतिक्रमण होते भी देखता है तो स्वभावतः चिड़चिड़ेपन का शिकार हो जाता है। हाथ मिलाना आज की दुनिया में एक प्रचलित रिवाज है। आपने बहुत से व्यक्ति देखे होंगे, जिनके हाथ मिलाने के ढंग भी अलग–अलग होते हैं। बहुत से लोग अँगुली का स्पर्श करके हाथ मिलाते हैं, जबकि कुछ हाथ को बिलकुल ढीला छोड़ देते हैं या इतनी ज़ोर से हाथ दबाते हैं कि समाने वाला कराह उठता है।

समान्यतः ढीला हाथ कमज़ोर इच्छा–शक्ति तथा हल्के आत्मविश्वास को प्रदर्शित करता है। जिस व्यक्ति को हाथ मिलाने की इच्छा तो नहीं होती, फिर भी वह औपचारिकता पूरी करता है। वह अकसर अँगुलियों के किनारे से हाथ

मिलाता है। ज़िन्दादिल, आत्मविश्वास के धनी, कामयाब तथा खुशमिजाज़ इनसान पूरे जोश–ख़रोश के साथ हाथ मिलाते हैं। आप किसी से जब भी हाथ मिलायें, कुछ क्षणों तक हाथ मिलाए रखें।

लोगों की पहचान

वे लोग, जिनके आत्मविश्वास में कमी होती है, जब खड़े होते हैं, तो दरवाज़े, फ़र्नीचर, दीवार या किसी का सहारा लेकर खड़े होते हैं। बातचीत करते समय हाथों को लगातार जेबों में रखने वाले व्यक्ति नकारात्मक संदेश प्रकट करते हैं।

बहुत से लोग एक पैर पर ज़ोर देकर, कमर का कूबड़–सा निकालकर या पैरों को हिलाते हुए बातचीत करते रहते हैं। यह उचित तरीक़ा नहीं है। आत्मविश्वास दर्शाने के लिये खड़ा होना, चलना तथा सीधे बैठना अत्यंत आवश्यक है।

हाथों को क्रॉस बनाते हुए बाँधकर आगे रखना एक सामान्य आदत है, लेकिन यह सुरक्षात्मक अभिव्यक्ति है। जब हम इस स्थिति में होते हैं तो सामने वाले को बता रहे होते हैं कि हम नवीन प्रयोगों के लिये न तो तैयार हैं और न ही हम में अपेक्षित उत्साह ही है। बातचीत करते समय हाथों का बार–बार मुँह तक ले जाना यह दर्शाता है कि या तो तथ्यों को छिपाया जा रहा है या जो कुछ हम कह रहे हैं वह वास्तविकता से परे है। बातचीत के दौरान जो व्यक्ति सामनेवाले की ओर नज़रें फेर लेता है, वह दर्शाता है कि सामने वाले की बात या वक्तव्य से उसकी सहमति नहीं है।

आँखों की भाषा

आँखें हमारे शरीर का बेहद महत्त्वपूर्ण अंग हैं। शारीरिक भाषा को समझने के लिये आँखों की भाषा को समझना बेहद ज़रूरी है। वे व्यक्ति, जिन्हें आँखों की भाषा पढ़नी आती है, शीघ्र ही सामने वाले की मनःस्थिति को ताड़ लेते हैं। आँखों की भाषा समझने वाले व्यक्ति बेहद सहजता से सम्मुख बैठे व्यक्ति में विद्यमान जिज्ञासा, आश्चर्य, कामना, विश्वास, क्रोध तथा प्यार का एहसास कर लेने में सक्षम हो जाते हैं।

शारीरिक भाषा को पूरी तरह से समझने के लिये शरीर के सभी अंगों पर ध्यान देना आवश्यक होता है। शरीर के किसी एक अंग विशेष द्वारा प्रेशित अभिव्यक्ति कई बार वास्तविकता से हटकर भी हो सकती है। शारीरिक भाषा को जानने से पहले उस स्थान की संस्कृति तथा वहाँ के निवासियों के रहन–सहन की भी जानकारी होना आवश्यक है।

क्या कहती हैं हमारी भाव-भंगिमाएँ

प्रायः मनुष्य में कई दोशपूर्ण आदतें होती हैं, अनेक अवगुण होते हैं, जिनके कारण आदमी अपने लक्ष्य की ओर नहीं बढ़ पाता है, क्योंकि इन अवगुणों से जीवन–शक्ति

क्षीण होती है। ऐसे अवगुणों, आदतों और स्वभाव को आप आत्म–संबोधन द्वारा ही दूर करने में सफल हो सकते हैं। अपने आपसे बात करने पर सारे दोष दूर होने लगेंगे और आप अपनी दुर्बलताओं पर शीघ्र विजय प्राप्त कर लेंगे।

कुछ सुझाव

- कान, नाक व मुँह में अँगुली डालते रहना तथा बातचीत करते समय ऐसा करना अशिष्टता है।
- बहुत से व्यक्ति अनजाने में कमर को झुकाकर बैठते हैं तथा बाद में उम्र के साथ–साथ उनकी कमर स्वाभाविक रूप से झुकती चली जाती है। यह न सिर्फ़ स्वास्थ्य की दृष्टि से, बल्कि शिष्टता तथा सभ्यता की दृष्टि से भी उचित है कि हम हमेशा सीधे तनकर बैठें। रीढ़ की हड्डी सीधी रखते हुए बैठने वाला व्यक्ति ताज़ा, उत्साही व स्वस्थ प्रतीत होता है।
- बहुत से लोगों को दूसरे लोगों की शारीरिक क्रियाएँ दोहराने, किसी बात या शब्द को तकियाकलाम बनाने, नकल करने की आदत होती है। शुरू में तो वे औरों के मनोरंजन तथा स्वयं के मज़े के लिए ऐसा करते हैं, लेकिन बाद में ये प्रवृत्तियाँ उनके स्वभाव में ही समाहित हो जाती हैं। हमें कभी भी अपना मूल स्वभाव नहीं खोना चाहिए।
- जब तक कि हमारे सम्बन्ध घनिष्ठ न हो जाएँ, हमें अपना व्यवहार मर्यादा में रखना चाहिए।
- अच्छी तरह से साफ़ किये गये दाँत दूसरों को प्रभावति करते हैं। मुँह से दुर्गंध ख़त्म करने के लिये 'माउथ फ्रेशनर' का प्रयोग करना चाहिए।
- हमें हाथ पैरों के नाखून काटकर रखने चाहिए। गंदे व बेढंगे नाखून हमारे व्यक्तित्व के नकारात्मक पक्ष को उजागर करते हैं।
- नाक को साफ़ रखना चाहिए, लेकिन किसी के सामने नाक में अँगुली डालना बुरी आदत है।
- किसी भी बात को मना करने के अनेक तरीक़े हो सकते हैं और हर तरीक़े का अपना अलग अर्थ है। अतः तीव्र व्यक्तित्व वाले व्यक्ति को दूसरों की शारीरिक भाषा पढ़ने का भी अभ्यास करना चाहिए।
- बुरी आदतों को शुरू में ही कुचल देना चाहिए। क्योंकि जिस बुरी आदत से आज हम बच नहीं पा रहे हैं, वह कल निश्चित तौर पर और भी प्रभावी होकर उभरेगी और यह सिलसिला दिनोंदिन बढ़ता ही चला जायेगा। अंततः लोग हमें अपमान व घृणा की दृष्टि से देखेंगे और हम चाहकर भी सफल नहीं हो पायेंगे।

अब हम नज़र डालते हैं बॉडी लैंग्वेज यानी कि दैहिक भाषा के कुछ उदाहरणों पर–

भाव मुद्राएँ/संकेत	*अर्थ*
भौंहों को ऊपर करना	समझने का प्रयास
भौंहों को टेढ़ी करके उठाना	अविश्वाास
आँखों में आँखें डालकर बात करना	निष्ठा एवं आत्मविश्वास
नाक मलना	चकित हो जाना
कन्धों को झटकाना	दिलचस्पी न होना
पुतलियों से इशारा करना	किसी विशेष तथ्य की ओर संकेत
माथे पर हथेली मारना	किसी चीज़ को भूल जाना
दोनों हाथों से सिर पीटना	पश्चात्ताप करना, आत्मग्लानि
बोलते समय अँगुलियों से मुँह ढकना	असत्य भाषण या बोल
गरदन खुजलाना	वक्ता का भाव निश्चित नहीं है
श्रोता द्वारा अपना कान मलना	वक्ता को संकेत कि भाषण बन्द करो
आँखें लगातार झपकाना	थकान, घबराहट का होना
अपलक देखना	जागरूकता है, जिज्ञासा है
अँगुलियों से अँगूठी मुद्रा या ओके मुद्रा	सब कुछ ठीक है
अँगूठा दिखाना	कोई चिन्ता नहीं
दोनों खुली हथेलियाँ	ईमानदारी बताती है
बोलते समय दूर दृष्टि डालना	नये विचार या अभिव्यक्ति की तलाश है
सुनते समय वक्ता की ओर न देखना	उससे सहमत नहीं हैं
आँखों में आँखें डालना और सिर हिलाना	ठीक है, आगे बोलिये
सीधे खड़े होकर वक्तव्य देना	महत्त्वपूर्ण बयान देना
पॉकेट में हाथ डालकर बोलना	अपने आप को सुपरमैन समझना
सुनते समय आगे की ओर झुकना	ध्यान देकर सुनना
सुनते समय पीछे झुकना	सुनने मे उदासीनता
दोनों हाथ जुड़े होना	प्रार्थना का भाव
गरदन दायें–बायें हिलाना	अस्वीकार करना
गरदन ऊपर–नीचे हिलाना	स्वीकार करना
दोनों हथेली छाती के निकट लाना	अपने विषय में बोलना
सिगरेट पीकर धुआँ ऊपर की ओर छोड़ना	आत्मविश्वास
सिगरेट पीकर धुआँ नीचे की ओर छोड़ना	नकारात्मक, रहस्यपूर्ण, सन्देहपूर्ण

अन्त में....

हम आशा करते हैं कि प्रस्तुत पुस्तक में आपकी सम्पूर्ण जिज्ञासाओं का समाधान हो गया होगा। इस संबंध में विस्तार से जानकारी प्राप्त करने के लिए आप हमारे यहाँ से प्रकाशित कोई दूसरी पुस्तक लेकर अपने ज्ञान में वृद्धि कर सकते हैं।

आत्म–विकास/व्यक्तित्व विकास

Also Available
in Hindi

Also Available
in Hindi

Also Available
in Kannada, Tamil

Also Available
in Kannada

Also Available
in Kannada

हमारी सभी पुस्तकें www.vspublishers.com पर उपलब्ध हैं

धर्म एवं आध्यात्मिकता/ज्योतिष/हस्तरेखा/वास्तु/सम्मोहन शास्त्र

कैरियर एण्ड बिजनेस मैनेजमेंट

Also Available in Hindi, Kannada

Also Available in Hindi, Kannada